AF166986

BRUCHSTÜCKE

WAS BLEIBT?

ERINNERUNGEN

KURZE EPISODEN
TEILS HEITER –
TEILS WOLKIG

LUZIE IRENE PEIN

3

Bibliografische Information der Deutschen Nationalbibliothek:
Die Deutsche Nationalbibliothek verzeichnet diese Publikation in
der Deutschen Nationalbiografie;
Detaillierte bibliografische Daten sind im Internet über
www.dnb.de abrufbar.

Herstellung und Verlag
BoD - Books on Demand, Norderstedt
ISBN: 9 783734 793332
Preis: 6,50€

Cover- Foto: Sebastian Weber, Lippstadt
Covergestaltung: Luzie Irene Pein
Illustrationen: Josef Osthaus, Bad – Sassendorf
Bild Schwein: Pixabay
Bildbearbeitung: Luzie Irene Pein
© 2019 Luzie Irene Pein

LEBENSLAUF

MEINE ENERGIE
FLIEßT UNABLÄSSIG

ICH LASSE
MICH MITREIßEN
VON SINNVOLLEN STRÖMUNGEN

MAL LANGSAMER
MAL SCHNELLER
OHNE BEGEHR

IN NEUE RICHTUNGEN
" JETZT"
JEDEN TAG

MIT TROPFEN DER QUELLE
UNTRENNBAR VEREINT

© LUZIE IRENE PEIN
VERÖFFENTLICH IN DER DATENBANK DER
BESTEN DEUTSCHSPRACHIGEN GEDICHTE - WELTBILD VERLAG

*PANTA RHEI - ALLES FLIEßT
APHORISMUS
DES GRIECHISCHEN PHILOSOPHEN HERAKLIT

Inhalt

ALTE EICHE

DU WARST SCHON DA
VERSCHONT -
VON STÜRMEN – BLITZLICHTERN
ALS ICH KAM
DICH KENNENLERNEN DURFTE:

VIELE WANDERVÖLKER –
URLAUBSREISENDE –
HEIMATFREUNDE –
SUCHTEN –
FANDEN SCHUTZ
UNTER DEINEM DACH
WER ANKLOPFTE
WURDE MIT OFFENEN ARMEN BEGRÜßT
MIT NAHRUNG VERWÖHNT

BUNTES – FRÖHLICHES –
SINGENDES LEBEN
IN DEINER HERBERGE
LOCKTE VIELE ZAUNGÄSTE AN

SIE KAMEN – GINGEN
EINIGE BLIEBEN
LIEßEN SICH HÄUSLICH NIEDER

ICH GING ZEITWEILIG –
KAM ZURÜCK:

DU BIST GEALTERT
WIE ICH –
GEBEUGT STEHST DU
AM SELBEN PLATZ
SPENDEST GEWOHNT
LICHT UND SCHATTEN
SUBSTANZ DES LEBENS
FÜR ALLE NUTZNIEßER

DU BIST NOCH DA –
WENN ICH FÜR IMMER GEHE

DU BIST AUS BESONDEREM HOLZ GESCHNITZT
ERINNERST MICH AN MEINE MUTTER

ALTERS – ERSCHEINUNG

DAS SKELETT KRUMM
ORGANE ENTFERNT

ZU WENIG
AM PROGRAMMIERTEN PLATZ?

NEIN!
MEIN HERZ IST NOCH
AM RECHTEN ORT!!!

UND MEIN GEIST HELLWACH!

BAUERNSCHLÄUE

Bauer Jupp, ein verknöcherter sechzigjähriger Hinterwäldler, wie er im Buche steht, hat ein Problem.

- - -

Die jahrelange, körperlich schwere Arbeit auf seinem Erbhof hatte ihren Tribut gefordert. Sein von Kindesbeinen ausgeprägter Enthusiasmus für die Landwirtschaft war von jetzt auf gleich gebremst worden.

Und das kam so: Albertina, seine Lieblings-Sau, die einzige, die ihm von seinem ansehnlichen Zuchtbestand geblieben war, entwischte an einem heißen Nachmittag wieder mal heimlich aus dem Schweinestall. Jupp hatte es bislang nicht übers Herz gebracht, die Sau zum Schlachter zu bringen, denn sie war schon als Ferkel drollig gewesen, und alberte gern herum. Darum hatte er sie Albertina getauft. Sie war ihm wie sein alter verschrobener Knecht Heini, der seit vielen Jahren auch auf dem Hof lebte, sehr ans Herz gewachsen.

Aufgeregt suchte der Bauer seine seit Jahren verpachteten angrenzenden Felder und Wiesen ab. Nur ein Morgen Ackerland, das direkt an den Hof grenzte, hatte er behalten. Auf ihm bauten Jupp und Heini ergiebig Gemüse für den Eigenbedarf an und versorgten sich damit mit dem Nötigsten.

Heini half dem Landwirt bei der Suche, die jedoch bis zum Sonnenuntergang ergebnislos verlief, denn von der Sau war weit und breit nichts zu sehen. Aber Jupp gab die Hoffnung, sein Schwein zu finden, nicht auf. Mit Taschenlampe, Strick und einem dicken Stock bewaffnet, machte er sich allein auf in die Abenddämmerung.

11

Vom Waldrand her, am elektrischen Zaun, vernahm er unerwartet merkwürdige Geräusche. Irgendetwas sehr Quicklebendiges regte sich dort. Hektisch näherte Jupp sich der Umzäunung, und im spärlichen Licht der Lampe sah er die Pinselohren seiner fidelen Ausreißerin. Albertina suhlte sich vergnüglich im feuchten Morast einer Mulde, um ihre aufgeheizte Körpertemperatur herunterzufahren, und grunzte dabei hörbar zufrieden. Ihr Ringelschwänzchen kreiste quirlig im Schlamm und bespritzte auf diese Weise ihre borstige Haut zur Abkühlung.

Ganz sacht, geradezu liebevoll, legte Jupp seiner Albertina den Strick um den Hals und forderte sie zum Aufstehen auf. Doch das war seiner Sau offenbar nicht recht.

Jupp zog und zerrte am Strick und schimpfte lauthals. „Verflixt und zugenäht! Stell dich endlich auf die Beine, du dumme Sau!" Das hätte Jupp besser nicht sagen sollen, denn Schweine sind intelligent und daher äußerst stressanfällig. Sie sind uns Menschen ähnlicher, als wir je erahnen können.

Mit einem Ruck stand Albertina auf, positionierte sich vor dem nach Luft schnappenden Jupp und schubste ihn mit ihrer Schnüffelnase ein Stück rückwärts. Jupp strauchelte, glitt im

Schlick aus und fiel der Länge nach in den Graben hinein. Missgelaunt krabbelte er auf allen Vieren wieder heraus, stand auf und brüllte ohrenbetäubend, bauernmäßig eben, Schimpfwörter in die Nacht. Doch Albertina ließ das kalt. So sprach man nicht mit Verwandten. Sie war beleidigt.

Mal ließ sie sich von Jupp, der total durchnässt war und nun auch noch muffig roch, ziehen, dann wieder musste er sie schieben, bis beide zu guter Letzt in der Stallung ankamen. Entkräftet schob Jupp die Sau in ihren Kastenstand. Jupp hatte Schnappatmung, fasste sich hilflos an die Brust und plumpste steinhart in Albertinas Futtertrog. Da lag er nun auf dem Rücken, völlig hilflos wie eine Schildkröte und röchelte nur noch.

Der schrullige Knecht Heini hatte indes besorgt den Hausarzt gerufen. Dieser kam nach zwei Stunden endlich auf dem Hof an und stellte nach eingehender Untersuchung fest, dass Jupp einen Kreislaufkollaps hatte. Er müsse zur Kontrolle in das weitab gelegene Krankenhaus eingeliefert werden. Jupp, durch eine Aufbauspritze wieder unter den Lebenden weilend, wehrte sich mit Händen und Füßen gegen einen Krankenhausaufenthalt. „Dann werde ich Sie zum Müßiggang zwingen. Ich verordne Ihnen hiermit Bettruhe! Die Arbeit muss mal jemand anderes für Sie erledigen."

„Aber das geht nicht! Ich habe nur den Heini, und allein schafft er die Hof- und Feldarbeit nicht!", rebellierte Jupp. „Dann stellen Sie einen weiteren Knecht ein. Es gibt auch tatkräftige Jungbauern, die sich bereitwillig für die Hofarbeit einbringen würden. Schauen Sie mal ins Internet."

Gesagt, getan? Aber nicht Jupp! Er war ein Eigenbrötler und niemand konnte ihm irgendetwas recht machen. Den kauzigen Heini hatte er zusammen mit dem Hof vom Vater übernommen, und *ihn* duldete Jupp als einzigen in seinem Haus. Es war ein reiner Männerhaushalt, denn Jupp hatte sich nie zu einer Ehe entschließen können. Zwar hatte er mal die Serie, *Bauer sucht Frau,* in seinem archaischen Fernseher verfolgt, doch dieses Ansinnen lag ihm fern. Sein Hof sei mittlerweile zu anspruchslos geworden für eine Bäuerin, redete er sich ein. Und so lebte Jupp mit seinem Heini, fernab von jeglicher Zivilisation, ohne Internet, Smartphone und all diesem „neumodischem Schnickschnack", wie er es nannte, in einer reinen Männerdomäne. Alle zwei Wochen kam der Postbote zu ihm auf den Berg und brachte die gesammelten Tageszeitungen. Da hatte Jupp dann nach erschöpfendem Tagewerk genug Lesestoff für den Abend, wenn er im Hintergrund Musik laufen ließ. Jupp besaß nämlich eine Stereoanlage mit integriertem Plattenspieler und liebte es, die alten Scheiben von ABBA aufzulegen. Dabei gestattete er sich einen selbst gebrannten Kartoffelschnaps und einen Humpen Bier als Schlummertrunk.

Als Sechsjähriger hatte er von seinem Opa zu Weihnachten eine Mundfidel geschenkt bekommen, aber seit vielen Jahren nicht mehr dauerhaft darauf gespielt. Nur seiner Albertina brachte Jupp manchmal im Schweinestall ein Ständchen. Ihr Ringelschwänzchen rotierte dann fröhlich nach seiner Musik und beide hatten tierischen Spaß.

14

Es kam, wie es kommen musste. Jupp kippte ein zweites Mal um. Der Mediziner in der Stadtklinik diagnostizierte bei ihm erhebliche Kreislaufprobleme durch Überlastung. Mal war Jupps Blutdruck sehr hoch, dann wieder zu niedrig. Es war ein stetes Auf und Ab. Der Arzt verordnete ihm eine vierwöchige Kneippkur. Wieder ein Begriff, den Jupp nicht kannte. Aber wenn seine Gesundheit durch das Heilverfahren wieder hergestellt werden könnte, ließ er sich vom Arzt belehren, würde er auch das wohl auf sich nehmen. Nur, wie sollte er das dem Knecht begreiflich machen? Jupp hatte den Hof noch nie verlassen, war immer daheim geblieben.

Doch Heini hatte keine Einwände, im Gegenteil, er ermutigte Jupp, ohne zu zögern. Die Hauptsache, sein Bauer käme gesund zurück. Die Feldarbeit war ja fast erledigt, und den Rest würde Heini schon allein bewältigen.

Aber Jupp war sehr besorgt darüber, wie seine lustige Sau Albertina reagieren würde, wenn er für längere Zeit wegbliebe und nicht bei ihr wäre?

Albertina spürte tatsächlich, dass irgendetwas mit ihrem Herrn nicht stimmte. Seit Jupp aus dem Krankenhaus zurück war, lief sie ihm wie ein treuer Hund hinterher. Überall, wo er ging und stand, war seine Albertina. Sie riss nicht mehr aus, sondern war sehr anhänglich und suchte beharrlich seine Nähe. Und Jupp verwöhnte seine Albertina bis zur Abreise mit besonderen Leckerbissen und verhätschelte sie mit Streicheleinheiten.

- - -

15

Der Termin für die Anreise zur Kurklinik rückte näher. Jupp schaute auf die Liste der erforderlichen Utensilien und kratzte sich verständnislos am unrasierten Kinn. Wie sollte er, der zuletzt vor drei Jahren in der weit abgelegenen Stadt gewesen war, alles so schnell besorgen: Bademantel, Badeschlappen, Badehose und einiges mehr. Was um alles in der Welt war eine *Bademütze*? Er trug stets einen Hut, um seine spärlich behaarte Kopfhaut zu schützen, hatte nie eine Mütze besessen. Gut, er würde alles kaufen. Und was fehlte, könnte er im Shop der Klinik erwerben, stand auf dem Zettel.

Aber das Beunruhigende für ihn war, dass die Klinik in einem anderen Bundesland lag, im *Flachland*.

Der Tag der Abreise kam schneller als erwartet. Jupp ging in den Schweinestall, knuddelte seine Sau noch einmal ganz herzlich und nahm noch eine tiefe Brise Stallduft mit. Dann stand er mit gepackten Koffern und seinem Knecht Heini in der Hofeinfahrt. Sie warteten gemeinsam auf das Taxi, das ihn zum Bahnhof bringen sollte. Aus Heinis Augen kullerten Tränen. „Hör auf zu heulen! Ich bin doch bald zurück", brummte Jupp. Heini nickte peinlich berührt und umarmte seinen gutherzigen Bauern zum Abschied.

- - -

Der Bauer verstaute seine Sachen im Kleiderschrank und sah sich neugierig in seinem Einzelzimmer um. Es war sauber und zweckmäßig eingerichtet. Mit einem Bett, Tisch, Stuhl und einer Anrichte, auf der ein Bildschirm stand. Auch das angrenzende Badezimmer mit Dusche gefiel ihm. Eine *Dusche*, das kannte Jupp auch nicht. Seine alte Badewanne zu Hause reichte ihm völlig aus, und baden tat er ja nur am Wochenende.

Hier, in diesem kleinen Zimmer, sollte er nunmehr vier Wochen logieren. Sein inspizierender Blick fiel durch die breite Balkontür nach draußen. Er öffnete die Schiebetür und trat hinaus auf den Vorsprung. Die Aussicht vom vierten Stock aus machte ihn sprachlos. Er starrte gebannt auf eine riesige Parkanlage. Die farbenreichen Blumenbeete waren von tiefgrünen Buchsbaumhecken eingerahmt, und in einem Brunnen spielte das rostfarbene Wasser einer Quelle. Sieht so das Paradies aus? Jupp hatte sich durch diesen Anblick mit dem Flachland versöhnt.

Und nicht nur das. Jupp lernte kneippen.

- - -

Jupp hatte eigentlich nette Tischnachbarn, aber sich so richtig mit ihnen anfreunden konnte er nicht. Die Tischgespräche fanden mehr oder weniger ohne ihn statt. Diskret hielt er sich mit Äußerungen im Hintergrund. Es sollte ja nicht jeder merken, dass er jenseits von Gut und Böse lebte. Sie tuschelten hinter vorgehaltener Hand über ihn. Er verstand den Sinn nicht, über andere Leute zu tratschen, wollte hier lediglich seine Pflichtübungen absolvieren und so schnell wie möglich wieder auf sein Anwesen zurückkehren. Natürlich fit und gesund.

Erholung? So emsig, wie auf seinem Hof, war Jupp nun auch bei den verordneten Anwendungen im Kurbad. Morgens um halb sieben stand er hüllenlos in der Badeabteilung und bekam Wechselduschen. Also Güsse mit warmem und kaltem Wasser. Schrecklich fand Jupp diese Tortur, aber er biss die

17

Zähne zusammen (Er hatte noch ein vollständiges Gebiss!) und hielt tapfer durch. Anschließend Armbäder und Kniegüsse. Dann ging es hinaus in das Außenbecken zum Wassertreten. Und wie Jupp das wadenhoch eiskalte Wasser trat! Im Storchengang auf der Stelle.

Mit der Zeit überwand er seinen inneren Schweinehund und bekam Spaß am Kneippen. Jupp hatte dort eine Gesprächspartnerin gefunden, eine junge Physiotherapeutin. „Nehmen Sie die ganze Sache nicht so ernst, spielen Sie einfach mit", nickte sie dem Bauern freundlich zu.

Jupp, in einer Moorpackung liegend, lachte aus voller Kehle. Auf die Frage der jungen Frau, was ihn daran so erheitere, erzählte er ihr von seiner Albertina, und dass er sich im Moment wie seine Sau im Schlamm fühle. Die Therapeutin schmunzelte, und beide witzelten nun bei jeder sich bietenden Gelegenheit über Dies und Das. Jupp hatte jetzt eine Verbündete in der Klinik und taute förmlich auf, vermied aber, sein Heimweh zur Sprache zu bringen. Er vermisste seine Sau und den alten Knecht sehr.

Fleißig schrieb Jupp Ansichtskarten vom Kurort und schickte sie seinem lieben Heini. Dieser antwortete prompt. Einmal in der Woche kam ein kleines Päckchen aus der Heimat mit Leckereien. Hausgemachte Mettwurst oder ein Stück Schwarzgeräuchertes vom Schwein. Nicht von Albertina, beileibe nicht, dass würde Jupp nicht lebend überstehen. Er verschenkte diese Schweinereien an die nette Therapeutin, denn sie schien ihm ein wenig zu schmal.

Keine zwei Wochen waren vergangen, und die Patienten in der Klinik staunten nicht schlecht, denn Jupp war jeden Mor-

gen als Erster im Außenbecken, um das eiskalte Solequell-
wasser zu treten. Auch die Bewegungstherapie im Schwimm-
bad bewertete Jupp als Gesellschaftsspiel, und er wollte unter
allen Umständen diese Spiele gewinnen. Er genoss sichtlich
den Triumph, denn mittlerweile hatte er das Interesse einiger
Damen geweckt. Sie mochten seine offene und ehrlich Art und
wie er versuchte, sie für das Landleben zu erwärmen. Jupp
erzählte von der ulkigen Sau Albertina und seinem Knecht
Heini, der zu Hause die Stellung hielt. Er sei besorgt, ob sein
Gehilfe die Hofarbeit allein schaffe und es ihm und der Sau gut
gehe. Mit einer Träne im Auge gestand er den aufmerksam
lauschenden Frauen, dass er seine Hausgenossen daheim,
sehr vermisste.

Die Damen belagerten ihn förmlich, und Jupp gefiel es, in sei-
nem Alter hofiert zu werden und dass sie ihn, seiner traurigen
Gedanken wegen ablenken wollten. Er ließ sich von ihnen
sogar zu einem Tänzchen im Foyer der Klinik verführen.
Nicht nur zu einem Tanz, nein, er wurde mehrfach vom schö-
nen Geschlecht abgeklatscht. Jupp blühte sichtlich auf und
erwies sich als tänzerisches Naturtalent. Missbilligend und
eifersüchtig schauten die enttäuschten Schürzenjäger zu,
denn ihre Chancen auf ein Techtelmechtel mit einem Kur-
schatten schmolzen sichtlich dahin. Und der unterhaltsame
Bauer Jupp genoss das Umwerben der schönen Evastöchter
von Tag zu Tag mehr.

Griesgrämig, um nicht vollends von der Damenwelt ausge-
schlossen zu werden, schmiedeten einige der Verschmähten
einen rachsüchtigen Plan: Sie wollten der holden Weiblichkeit
den in ihren Augen dummen Bauern vorführen, ihn bloßstel-

len und ihm einen Denkzettel verpassen. Sie ließen sich doch von diesem einfältigen Kerl nicht die Show stehlen! Typische Schwerenöter eben. In den letzten Wochen hatten sie mehrfach mit Jupp einige Einkäufe in einem sehr bekannten Supermarkt mit anschließenden Kneipengängen unternommen.

Jupp lernte, allein zu Shoppen, nahm jedes Mal eine Plastiktüte mit und trug diese stolz zur Schau. Er wollte allen zeigen, dass er kein hilfsbedürftiger Bauer war. Auch hielt er sich die nächsten Abende diskret zurück. Jupp hatte einen Aushang gesehen, auf dem ein Kurs für Computeranfänger angeboten wurde. Das wollte er sich nicht entgehen lassen. Während sich die Clique in den Lokalen amüsierte, lernte Jupp fleißig, am PC zu schreiben und im Internet zu googeln.

- - -

Bei einem Spaziergang in der Kleinstadt fand einer seiner männlichen Tischnachbarn eine Einladung zu einem bevorstehenden Event. Und dieses Fest kam den Herren für ihr Vorhaben gerade recht. Jupp war ja kein Kostverächter, trank gerne mal einen guten Tropfen vom Hopfen. Also überredeten sie den vermeintlich leichtgläubigen Mann, mit ihnen und den Frauen zu einer Veranstaltung zu fahren.

Die Bushaltestelle war nicht weit von der Klinik entfernt. Dort würden sich alle um halb acht treffen. Zum *Kneipenfestival.* Jupp wiederholte, *Kneipenfestival.*

Dieser Begriff war ihm fremd gewesen, er hatte davon noch nie gehört. *Kneippen* konnte Jupp ja nun, das hatte er allen inzwischen bewiesen. Aber was das mit einem Festival zu tun haben sollte, das konnte er sich nicht zusammenreimen. Also hatte er danach gegoogelt.

Und er würde sich, jetzt erst recht, den Spaß nicht nehmen lassen, den Herren endlich zu beweisen, dass er, der Bauer aus der Provinz, es jederzeit mit ihnen aufnehmen könne, und wähnte sich in Gedanken bereits als Sieger bei diesem neuen Spiel.

- - -

Die illustere Gesellschaft stand pünktlich an der Bushaltestelle, doch von Jupp war weit und breit nichts zu sehen. Sie warteten nicht auf ihn, sondern ließen sich vom Klinik-Shuttle in die Stadt kutschieren. Natürlich äußerten sich wieder einige der Herren ironisch über Jupp, bezeichneten ihn als Hasenfuß.

Als die Gruppe am Veranstaltungsort ankam, sahen sie ihn. Jupp war flink im Seiteneingang der Disco verschwunden. In einem langen weißen Bademantel, mit Badelatschen und ALDI-Tüten, aus der ein Zipfel seines Badetuches hervorlugte.

Mit spöttischen Bemerkungen reihten sich die erstaunten Kurgäste in die Warteschlange ein. Die Party drinnen war bereits in vollem Gange, denn ein frenetischer Beifallssturm drang bis an ihre Ohren nach draußen. Sie drängelten und schubsten sich weiter in den Saal hinein, bis sie nach zehn Minuten Wartezeit endlich zwischen begeisterten jungen tanzenden Menschen vor der Bühne einen Platz fanden.

Und da verschlug es nicht nur den Männern die Sprache.

Auf dem Podium stand der Bauer Jupp in seinem bodenlangen weißen Bademantel und mit Badehaube auf dem Kopf.

Angespornt von den grölenden Kneipenfestbesuchern riss er sich blitzartig die Bademütze vom Kopf, schälte sich augenblicklich aus dem Bademantel und stand nun in seiner Landestracht vor der jubelnden Menschentraube.

Flugs zog er seine Mundharmonika aus seiner Wamsjacke heraus und heizte den begeisterten Zuhörern ordentlich ein. Mit seinen Lieblingssongs von ABBA.

BEFEHL IST BEFEHL

Meine Familie bekam 1955 im Herbst, als ich fünf Jahre alt war, Besuch aus der DDR. Es waren Martha und ihr Ehemann Friedrich. Ich kann mich heute nicht mehr an alle Begebenheiten aus meiner Kindheit erinnern. Aber *diese* Geschichte ist mir besonders im Gedächtnis geblieben.

Wie gesagt, es hatte sich hoher Besuch angekündigt. Meine Mutter und Großmutter waren total aus dem Häuschen, denn die Verwandten hatten sie viele Jahre nicht gesehen. Zuletzt 1945 auf der gemeinsamen Flucht vor dem polnischen und russischen Militär aus Westpreußen. Unterwegs, im tiefsten Winter, hatten sich die Flüchtlinge aus den Augen verloren und erst in diesem Jahr durch einen Brief an den Bruder meiner Großmutter den neuen Wohnort von Martha und Friedrich in der DDR in Erfahrung gebracht.

Friedrich und Martha durften endlich meine Familie hier in Westdeutschland besuchen. Das Visum für eine kurzfristige Einreise in die BRD war nach unzähligen Antragstellungen in der DDR genehmigt worden.

Der Tag ihres Besuches rückte näher. Meine Mutter und Großmutter waren bis zum Eintreffen der Besucher von morgens bis abends sehr beschäftigt. Sie hatten übermäßig Lebensmittelvorräte eingekauft, und diese wurden auf dem kleinen Dachboden über dem darunter liegenden Schweinestall verstaut. Essen für elf Personen wurde vorgekocht, und der angenehme Geruch von frischgebackenen Kuchen durchzog unsere kleinen Zimmer. Meine Eltern und meine Großmutter waren wie viele Menschen nach Kriegsende arm, aber meine drei Brüder und ich mussten nie Hunger erleiden.

Meine Familie wollte ein perfekter Gastgeber sein. Die Hiesigen wussten nicht genau, inwieweit die Bedürfnisse der Bevölkerung in der DDR gestillt würden. Ab und zu kam ein Brief von ihnen mit der Bitte, man möge doch Kaffee und Schokolade schicken. Oft wurde dann von meiner Mutter, Großmutter und Tante ein Paket mit diesen – auch für uns – Hochgenüssen und einigem mehr zusammengestellt und zu ihnen geschickt. Ob **alles** bei ihnen ankam, darüber schwiegen die Verwandten in ihren Dankesbriefen. Sie würden es uns aber bestimmt erzählen.

Tag der Ankunft.

Das Ehepaar kam die schmale Stiege zu unserer bescheiden eingerichteten Dreizimmerwohnung herauf. Friedrich erschien schnaufend zuerst. Hinter ihm keuchte seine kleine, rundliche Martha. Ihre Bronchien pfiffen befremdliche Töne beim Ein und Ausatmen, und das Gesicht war von der Anstrengung rot angelaufen. Mit einem übergroßen karierten Männertaschentuch wischte sie sich den Schweiß ab, der aus all ihren Poren triefte und tadelte ihren Friedrich, weil er ihr den kleinen zerschlissenen Lederkoffer nicht abgenommen hatte.

„Ach Martchen, meene Kleene. Schimpf doch nicht schon wieder."

Meine Oma holte hastig einen Stuhl herbei, damit Martha sich setzen und erst einmal von der Anstrengung ausruhen konnte. Total erschöpft von der langen, holprigen Zugfahrt, hatte sich der schlanke Friedrich indessen in einen Sessel fallen lassen und streckte seine endloslangen Beine unter dem kleinen Tisch in unserer Wohnküche aus. Die Anzughose war definitiv zu kurz, denn die Hosenbeine schoben sich fast bis zu seinen Kniegelenken hinauf.

Mein ältester Bruder spöttelte, „Hoffentlich platzt Tante Marthas Kopf nicht."

„Das ist doch kein Luftballon", kicherte ich.

„Kinder, geht in den Garten spielen!", schalt Oma uns. Wir drei ältere Kinder schlichen förmlich auf den Stufen hinunter, um bloß nichts von dem uns unbekannten Dialekt der Besucher zu verpassen. Unser jüngster Bruder war noch ein Baby.

„Kinder, das Essen ist fertig!", rief Oma Maria nach einer Stunde aus dem geöffneten Schlafzimmerfenster. Meine Geschwister und ich rannten so schnell wir konnten die Treppe zu unserer Wohnung hinauf.

Auf der weißen Damasttischdecke, die Mutter anlässlich des wichtigen Besuches gekauft hatte, war das gute Geschirr eingedeckt. Weißes Porzellan mit einem dünnen Goldrand. Es war ein Geschenk von Oma Elisabeth und Opa Hermann zur Hochzeit meiner Eltern. Dieses wurde nur zu Weihnachten und zum Osterfest aus dem Küchenschrank geholt. Welch eine Ehre den Besuchern hiermit zuteil wurde, konnten sie ja nicht einschätzen.

Die pummelige Martha und der lange Friedrich hatten es sich auf der kleinen Couch am Fenster gemütlich gemacht. Sie unterhielten sich fast synchron mit meiner Oma. Wir Kinder verstanden nichts in dem Durcheinander.

Mutter bat zu Tisch. Sie servierte eine Kraftbrühe mit Eierstich. Das Huhn hatte Opa Hermann geschlachtet. Beim Ausnehmen hatte ich meiner Oma geholfen. Heute ekele ich mich davor. Muss ich nicht mehr haben. Ich kaufe Geflügel beim Händler meines Vertrauens.

„Friedrich, jleich liejen deine Aujenjläser in der Hiehnersuppe", nörgelte Martha, denn Friedrich schob laufend seine Brille mit der linken Hand nach oben an die Stirn und löffelte die Brühe in sich hinein.

„Friedrich, lass seein! Maria weeiß, dass du keeinen Porree nich magst. Das ist Eierstich in der Suppe!"

„Wenn du das sagst, Martchen."

„Schmeckt es dir nicht, Friedrich?", fragte Mutter ihn. „Du musst die Suppe nicht essen."

„Ach, der olle Querkopp. Du weeißt doch: Was der Bauer nich kennt, isster nich."

„Lass doch stehen." Sagte Oma Maria.

Friedrich schlang weiter löffelweise die Suppe in sich hinein.

„Schlieerf nich Frieedrich!"

„Sehr wohl Martchen."

Martha ließ nicht locker. „Immer det jleeiche mit dir. Sei froh, dasswa hier so jut bewirtet werden."

„Ja Martchen. Ich habe mich doch nicht beschwert."

„Det wär ja noch scheener!"

Friedrich schob echauffiert den Teller zur Tischmitte. Klar. Es musste unseren Besuchern, die vieles in ihrer Heimat entbehrten, vorkommen, als würden wir hier in Westdeutschland im Schlaraffenland leben, was nicht der Fall war.

Nach der Vorspeise reichte Mutter einen Rinderbraten in einer herzhaften durch Zwiebel geschwärzten Mehlschwitze, mit Kartoffelknödeln aus rohen und gekochten Kartoffeln. Natürlich aus eigenem Anbau. Und der Rotkohl war auch Biogemüse aus dem eigenen Garten. Mit selbst gepresstem Apfelessig und Nelken fein abgeschmeckt.

Friedrich aß brav seinen Teller leer, ohne Martha eines Blickes zu würdigen. Als er Oma Maria um einen Nachschlag bat, fuhr Martha ihn barsch an: „Ach, nu heste Appetit bekommen. Die Suppe nich essen wollen, dafür lieber Fleesch."

Friedrich nickte nur, denn antworten konnte er mit vollem Munde nicht.

„Ist doch gut, wenn es ihm schmeckt!", sagte Oma.

„Friedrich benimm dich, deste nich das jute Tischtuch bekleckerst."

„Nein. Martchen."

„Wat nee. Du sollst aufpassen..."

„Ja Martchen."

„Frieedrich!!!"

„Was Martchen?"

„Ich jlaube, du hest nu jenug jejessen."

„Gut Martchen, ich bin satt."

Und Friedrich schob den Essteller zur Seite.

Nach dem Hauptgang kredenzte meine Oma Maria den Gästen Vanillepudding mit eingeweckten Himbeeren. Gepflückt von eigenen Sträuchern.

Als der Tisch abgeräumt, alles Geschirr nach dem Spülen im Büffett verstaut war, holte mein Vater eine Flasche Likör aus dem kleinen Barfach der von ihm geschreinerten Vitrine. Aufgesetzter, von schwarzen Johannisbeeren.

Eine Flasche? Nein, dabei blieb es nicht, und umso mehr von dem köstlichen schwarzen Saft eingeschenkt wurde, desto quietschfideler wurden die Erwachsenen.

„Trink nich so viel, Frieedrich. Morjen heste wieder Koppinne."

„Wenn du das sagst, Martchen."

„Ach Frieedrich. Immer musste det letzte Wort haben."

„Wenn du meinst, Martchen."

„Lass den Bleedsinn. Wir sind zu Besuch hier."

„Ich weiß, Martchen. Ich bin auch im Zug gesessen."

„Frieedrich, es reeicht!"

„Ja, Martchen."

Stille.

Die Unterhaltung von Martha und Friedrich, wenn man das so nennen kann, war abrupt abgebrochen. Also plauderten alle munter weiter, so als wäre alles zwischen den Eheleuten gesagt.

Zu früh gefreut.

„Friedrich, du schlabberst."

„Was, Martchen?"

„Wisch dir den Mund ab."

„Ja, Martchen."

„Ist det denn zu jlauben? Heste keen Taschentuch nich?"

„Hatte ich Martchen."

„Und, wohin hestes verschusselt?"

„Du hast es, Martchen."

„Friedrich, red keeinen Schwachsinn nich."

„Nein, Martchen."

„Also, wo hestes?"

„Du hast es Martchen."

„Willste mit mir streeiten?"

„Auf keinen Fall, Martchen."

„Friedrich, du hest jenug jetrunken. Besser du jehst im Bett."

„Zu Befehl, Martchen. Ich geh im Bett." Friedrich stand auf und ging hinüber in das elterliche Schlafzimmer.

In unserer Wohnküche wurde das Wiedersehen nach so langer Zeit munter weiter gefeiert. Die Gespräche wurden lauter und lustiger. Plötzlich polterte es im Schlafzimmer. Erschrocken sprangen alle auf, und mein Vater öffnete die Schlafzimmertür.

Friedrich stand im weißblau quergestreiften Schlafanzug mitten auf der Matratze des zusammengekrachten Bettgestells. „Frieeeedrich, wat heste nu wieder anjestellt? Um Jottes Willen!", schrie Martha und schlug ihre dicken Arme über dem Kopf zusammen.

„Martchen, du hast gesagt: Friedrich, geh im Bett! Also, gehe ich im Bett."

Unsere kugeldicke Tante Martha schlug ohnmächtig auf dem Holzboden auf.

BESEELT

ICH LASSE SIE BAUMELN

WEIL ICH LUST HABE
MAL KEINE LUST ZU HABEN

UM DANN SEELENSTARK ZU SEIN
DIE SCHÖPFERKRAFT:
KÖRPER, GEIST UND SEELE
MIT DIR ZU TEILEN

BESTRAHLT?

Sobald die sirrenden Lichtstrahlen der frühen Märzsonne die Erde küssten und durch die Fensterscheiben wieder Lebensfreude in die Häuser zauberten, hielt Heinrich es vor Ungeduld in seiner Mietwohnung nicht mehr aus. Fast süchtig war er nach Sonne und noch mehr, wenn sich die kalte Jahreszeit endlich verabschiedete. Nichts wie raus aus der Wohnung, in die Wärme, das war sein Plan.

Heinrich ließ heißes Wasser in einen Wischeimer laufen, gab einen ordentlichen Schuss Putzmittel hinzu, schnappte sich aus dem Abstellraum den Schrubber und ging damit hinaus auf den Balkon. Penibel bearbeitete er den Winterschmutz auf dem Boden und trug fünf Eimer Wasser, einen nach dem anderen, aus dem Badezimmer heraus, auch um Hermine, seine Angetraute, zu beeindrucken. Kein Wort über seine sonst so starken Rückenschmerzen beim Heben und Tragen kam über seine Lippen. Kaum, dass der grau gestrichene Betonboden getrocknet war, hastete Heinrich hinunter in den Kellerraum, schleppte mühsam die Sonnenliegen herauf und klappte sie auf dem Balkon auseinander. Hermine schüttelte nur verständnislos mit dem Kopf, denn Heinrich war nicht mehr der Jüngste. Er hatte die siebzig bereits lange überschritten.

Anschließend stellte Heinrich einen Küchenstuhl vor den Schlafzimmerschrank, stieg hinauf und holte die gepolsterten Kissen , die in Schutzhüllen winterfest auf dem Schrank verpackt waren, behutsam herunter. Dann packte er die wattierten Auflagen aus, so als würde er einen Schatz freilegen, trug sie hinaus und verteilte sie akkurat auf den Liegen.

„Es ist doch noch viel zu früh, um die Liegen aufzustellen. Der April mit seinen Wetterkapriolen steht doch noch vor der Tür! Sollen die Rückenpolster von den Regengüssen durchnässt werden?"

„Ach Herminchen, erstens kann man die Rückenpolster schnell wieder herunternehmen, zweitens weißt du gar nicht, wie das Wetter im April wird. Der Monat kann auch ohne Niederschläge dahingehen", konterte Heinrich gelassen.

Vorsichtshalber hatte Heinrich vor einigen Wochen im hiesigen Baumarkt eine blaue Abdeckplane gekauft. Diese holte er nun aus dem Kofferraum des Fahrzeuges und legte sie aufgerollt neben die kleine Eisenpforte an der Balkontreppe, die zum Garten hinunterführte. Heinrich und Hermines Domizil lag im Erdgeschoss, zu der auch ein kleiner Ziergarten und eine Grünfläche gehörten.

Heinrich war in seinem Leben nie großzügig gewesen und hielt jeden Pfennig zusammen. Urlaub gestattete er sich und seiner Angetrauten bislang so gut wie gar nicht. Nur kurze Ausflüge mit dem Rad hatten sie unternommen, als seine Söhne noch klein waren. Als frisches Rentnerehepaar war es dann eine Woche Urlaub in Österreich mit einer Stippvisite nach Meran gewesen, die sie sich gegönnt hatten. Lange her.

Aber Heinrich vermisste auch nichts, denn er hatte ja seine Sonnenliege und Hermine, die ihn von vorne bis hinten betüddeln musste. Heinrich konnte sich noch nicht einmal ein Butterbrot allein schmieren, und seitdem er sein Rentnerdasein pflegte, war es für Hermine noch schlimmer geworden. Heinrich überwachte jeden ihrer Schritte akribisch.

Hermine wollte nach dem Mittagessen mit dem Auto in die Stadt fahren, um Einkäufe zu tätigen. Doch Heinrich verwehrte es ihr auch an diesem sonnigen Nachmittag, so wie er es stets getan hatte. Lieber fuhr er selber mit seinem Rad und erledigte alle Einkäufe persönlich. Außerdem wurde so kein Benzin vergeudet. Das war eine plumpe Ausrede, denn Heinrich traf sich oftmals mit einigen betuchten Damen in einem kleinen Cafe, aber nur zu einem Schwätzchen. Und weil Heinrich ein Pfennigfuchser war, wurden Produkte immer nur im Sonderangebot gekauft.

Also blieb Hermine zu Hause und grämte sich. Sie wäre auch so gern mal durch die Geschäfte gebummelt, um etwas anderes als ihre Wohnung und den Garten zu sehen. Ändern konnte sie es nicht, denn ihr Heinrich war ein herrischer Mann, und Hermine hatte keine Lust mit ihm zu zanken.

Nun gut. Heinrich kam an diesem Tag nach zwei Stunden mit gefüllten Einkaufstaschen nach Hause zurück. Hermine staunte und fragte, was er denn alles eingekauft habe. Stolz stellte Heinrich in einer Art Freudentaumel fünf Flaschen Sonnenöl mit Lichtschutzfaktor Zwei neben den alltäglichen Einkauf auf den Küchentisch.

„Die hat es im Sonderangebot gegeben!", strahlte Heinrich.

Hermine verstand die Welt nicht mehr und verräumte mürrisch die Lebensmittel im Kühlschrank. Den Sonnenschutz stellte sie in den Badezimmerschrank.

Doch sie hatte sich wie so oft darin geirrt, Heinrichs Absicht an diesem Sonnentag vorhersehen zu können. Denn Heinrich war unterdessen flugs in seine Badehose geschlüpft, und maulte Hermine an, weil das Öl bereits weggeräumt war.

Pressant holte er eine der Flaschen wieder hervor und fettete seine enthüllten Körperteile reichlich damit ein. Die Rückenpartie musste Hermine einschmieren. Sie tat es mit Widerwillen, doch Heinrich ließ nicht locker, denn er war und blieb ein Prahlhans. Er ließ alle Bekannten und früheren Arbeitskollegen im Glauben, dass er mit seiner Hermine jedes Jahr in den Urlaub auf eine Insel fliegen würde. *Lügenlord*, nannten ihn die Kollegen hinter seinem Rücken. Hermine erduldete die lästernden Gespräche über ihren Heinrich.

Tag für Tag, von morgens bis abends, legte Heinrich sich auf den Balkon und ließ sich in der Frühjahrssonne von allen Seiten wie ein Aal braten. Jede halbe Stunde drehte er sich um. Er hatte seinen Glockenwecker, dessen Klangfülle in der ganzen Nachbarschaft zu hören war, mit nach draußen genommen und neben die Liege auf einen Klapptisch gestellt. Nur zum Essen und gewissen Gängen ging er in die Wohnung hinein. Vergnügt flitzte er anschließend, bemerkenswert für sein Alter, wieder hinaus in die strahlende Frühjahrssonne. Auf Hermine wirkte sein kindisches Verhalten lächerlich, doch sie hüllte sich lieber in Schweigen. Besser so, denn Heinrich konnte sehr aufbrausend reagieren, wenn man ihm zu nahe trat.

Mittlerweile durfte Hermine die Besorgungen mit dem Auto allein machen, denn Heinrich hatte ja keine Zeit mehr dafür.

Nicht nur seine Bräune nahm zu, auch seine Körperfülle.

Mitte März stieg die Außentemperatur auf 25° und Heinrich wechselte nun seinen Ruheplatz vom Balkon auf den Rasen. Hermine musste jede Mahlzeit samt Geschirr hinunter in den Garten tragen und auch wieder zurück in die Küche bringen.

So langsam wurde es ihr zu viel. Aber Heinrich rührte keinen Finger, er zog es lieber vor, so lange wie möglich in der gleißenden Sonne zu faulenzen. Also blieb nicht nur die gesamte Hausarbeit, sondern auch die Gartenpflege für Hermine.

Doch das sonnige Wetter hielt nicht lange an. Eine Schlechtwetterfront zog auf, mit Hagel, Frost und anschließenden heftigen Regengüssen. Heinrich schaute sauertöpfisch drein und deckte den Balkon samt Mobiliar mit der blauen Plane zu.

An einem verregneten Sonntag besuchte Hermines Bruder Bruno das Ehepaar und lud zu einer gemeinsamen Erholungsreise ein. Das Reiseziel schlug Bruno vor, bezahlen müsse sein Schwager allerdings selbst. Diese Logik missfiel Heinrich, denn eine Einladung hieß für ihn *umsonst.*

Heinrich sträubte sich vehement und wollte seiner Hermine diesen absurden Gedanken einer Fernreise ausreden.

„Schlag dir diese Hirngespinste aus dem Kopf! Wir fahren nirgendwo hin! Und fliegen schon gar nicht!"

„Und warum nicht? Ich möchte so gern mal ins Ausland reisen. Und Aussicht auf Wetterbesserung ist in absehbarer Zeit nicht zu erwarten. Das Klima auf der Insel soll in dieser Jahreszeit sehr angenehm sein. Auch Ende März. Besonders im März. Vielleicht haben wir Glück und können Plantagen mit blühenden Mandelbäumen besichtigen?"

„Um blühende Bäume zu sehen, müssen wir nicht so weit fliegen. So ein Quatsch! Hier, schau in den Garten nach nebenan, da blühen bereits Apfelbäume."

„Aber das ist nicht dasselbe. Ich möchte andere Länder kennenlernen", bohrte Hermine weiter. „Ich will noch was von der Welt sehen."

„Kommt überhaupt nicht in Frage!"

„Dann nenne mir bitte *einen* triftigen Grund, der dich von der Reise abhält."

„Warum soll ich dir das erklären? Wir bleiben hier! Basta!"

„Du bist doch sonst kein Angsthase. Gut. Wenn *du* nicht mit willst, fliege *ich* mit Bruno! Er hat es mir angeboten."

„Mienchen", räusperte sich Heinrich. „Ich mag nicht in der Welt herumgondeln, schon gar nicht auf eine Insel, auf der so viele Schwarze leben. Es reicht, wenn sie mir hier in der Stadt dauernd über den Weg laufen und mich anbetteln."

„Das ist doch totaler Blödsinn", hielt Hermine dagegen. „Die Insel gehört zu Spanien. Und was sagt dir das?"

„Dass das nicht Afrika ist. Meinst du, ich wüsste das nicht?"

„Ach, schön."

„Ich will mich aber nicht überall von Schwarzen anquatschen lassen!"

„Es gibt in den Hotels deutschsprachiges Personal, ergo werden wir kein Verständigungsproblem haben. Ich habe kein Problem damit. Und Deine rassistische Gesinnung solltest Du langsam ablegen! In welcher Welt lebst du, oller, verbohrter Kerl! *Wir* sind die Ausländer auf der Insel! Überall erzählst du, dass wir in Urlaub fahren. Gibst mit deiner Gartenbräune an. Warum belügst du die Leute? Macht dir das Spaß, wenn ich darauf angesprochen werde und wie ein dummes Huhn antworten soll? Was ist? Fehlen dir jetzt auf einmal die Worte? Also, fliegen wir?"

Nach einigen Tagen heißem Meinungsaustausch gab Heinrich endlich nach.

„Du gibst ja doch keine Ruhe. Meinetwegen fliegen wir, aber ich bestimme die Touren."

Nun denn. Kaum sichtbar gebräunt von der Märzsonne flog Heinrich mit seiner Hermine in den Urlaub, reichlich mit Sonnenöl eingedeckt.

Hermine schaffte es in den zwei Wochen nur dreimal, ihren Heinrich zu einer Shoppingtour zum Wochenmarkt zu überreden. Gekauft wurde Obst nur von den Einheimischen. Von afrikanischen Händlern distanzierte Heinrich sich borniert. Und er wollte weder die ortsansässigen Menschen mit ihrer Kultur kennen lernen, noch interessierte ihn die Botanik der Insel.

Leider waren die Mandelbäume bereits verblüht, aber es gab reichliche Haine mit sprießenden Orangenbäumen zu sehen. Die Kosten für die Tagestour mit einer Bahn, waren für Heinrich eindeutig *Wucherpreise*. Heinrich hungerte den ganzen Tag bei dem Ausflug, gönnte sich nicht mal ein Eis in der Waffel. Er setzte sich vor das Café, in dem Hermine mit ihrem Bruder einen Cappuccino trank, in einen Korbsessel und wies jeden Kellner, der eine Bestellung aufnehmen wollte, mit einer Handbewegung ab. Dafür langte er abends beim Buffet im Hotel, ordentlich zu.

Vierzehn Tage pendelte Heinrich zwischen Liegen in der ausgedehnten Poolanlage und am hoteleigenen angrenzenden Strand. Heinrichs kaum schützend eingeölter Körper, einschließlich seiner Glatze, bekam durch die starke Sonneneinstrahlung eine lederähnliche Haut, was ihn noch älter erscheinen ließ. Aber er fand sich unheimlich attraktiv und stolzierte wie ein Gockel abends die Promenade entlang.

Zurück aus der Sommerpause riefen Heinrich und Hermine noch am gleichen Abend ihren Sohn mit seiner Familie an, um sich gesund zurückzumelden.

Schon am nächsten Tag kam Heinrichs Sohn samt Anhang zu ihnen. Der Enkelsohn freute sich auf seinen Opa und suchte ihn überall in der Wohnung. Plötzlich kam der dreijährige Knirps ganz erschrocken angerannt und rief weinerlich: „Opa ist nicht da!"

In dem Moment erschien Heinrich in kurzer Hose, ganz verschlafen, in der Wohnzimmertür. Er war auf dem Balkon auf seiner Liegestatt eingeschlummert und durch das Geheul seines Enkelsohnes wach geworden. Der kleine Kerl versteckte sich hinter seinem Vater und schaute ängstlich den vermeintlich Fremden an.

„Na, wie war es auf der Insel?", fragte der Sohn ihn schockiert.

„Herrlich, das Wetter war toll, fast schon zu heiß, aber das Essen reichlich, ich habe richtig zugelegt."

Hermine rief aus dem Hintergrund: „Du hast ja auch für drei gegessen."

„Na und, ich habe gebucht und bezahlt. Da steht es mir zu, reichlich zu essen. Das Einzige, was mich gestört hat, waren die vielen Schwarzen. Was haben *die* auf dieser Insel zu suchen?"

Heinrichs Sohn schüttelte verständnislos den Kopf.

„Tja, die Schwarzen auf der Insel. Vater, hast *du* mal in den Spiegel geschaut?"

Heinrich sah aus, als stecke er in einem schwarzen Taucheranzug.

CHAMÄLEON

ICH PASSE MICH
NICHT IMMER AN
WIDERSPRECHE

AUCH WENN MEINE FARBEN VERBLASSEN
MEINE HAUT DÜNNER WIRD
SO WERDE ICH *MEINE* ANSICHT
ÜBER *MEIN* WELTBILD
NICHT VERÄNDERN

ICH BIN KEIN CHAMÄLEON

DAS ERSTE MAL

Leonhard hängt wie ein Fragezeichen vor dem bodenlangen Spiegel, der vom Dunst der heißen Dusche, noch ganz vernebelt ist. Langsam klärt sich das Bild, welches aus dem Glas hervorspringt. Er betrachtet sich eingehend. Ein zierliches Kerlchen, denn die Haut ist im Moment etwas schrumpelig, faltig vom warmen Wasser. "Junge", sagt sich Leonhard, "rapple dich auf, stehe aufrecht, du hast heute deinen großen Auftritt. Kopf hoch. Es wird gutgehen, auch wenn du von Tuten und Blasen keine Ahnung hast. Andere haben es auch geschafft, sind drin gewesen, warum solltest du es nicht auch hinbekommen? Kann doch nicht so schwer sein. Ob sich die Schmiermittel bezahlt machen, um schneller reinzukommen? Ein erquickendes, beglückendes Gefühl solle es sein, wenn man erst mal drin ist. Ja, ich will heute das erste Mal rein, diesen Rausch erleben, mich völlig hingeben, im Takt bewegen, loslassen."

Leonhard schaut auf seinen noch nicht abgetrockneten, feuchten Flaum, der, ganz kraus, einen Teil am unteren Kopf umschließt. Was ist mit Rasieren, schießt es ihm durch sein junges, noch nicht ganz ausgereiftes Hirn. Wäre das angebracht? Würde er mit oder ohne Haartracht erwachsener, prachtvoller aussehen, dadurch schneller ins Ziel kommen? Nein, es bleibt, wie es ist, die Natur hat es so gewollt. Er ist ok, normal gewachsen, nicht zu groß, auch nicht zu klein. Gerade richtig. Ein strammer Bursche. Duftstoff aufsprühen, fertig.

Hoffentlich engt die Bekleidung nicht ein, könnte sonst problematisch werden.

"Ach, Tüte mitnehmen, falls ich Panikattacke bekomme und zu früh umkippe", schießt es ihm durch den Kopf.

Leonhard steht schwankend vor der hell erleuchteten Pforte, zahlt seinen Obolus und darf rein. Das Blut pocht vor Hochdruck in den Adern. Geblendet vom strahlenden Beleuchtungskörper tastet er sich bedächtig vorwärts, schlängelt sich weiter in die schweißgebadete Masse. Er passt sich dem Rhythmus an. Durch die Anspannung spürt er, wie der Lebenssaft durch den ganzen Körper gepumpt wird, ihn aufheizt. Überschwänglich, ungestümer bewegt sich Leonhard im Zweivierteltakt. Berauscht, in Ekstase, kurz vor dem Finale mit Trommelwirbel hört er plötzlich die Glocken läuten, gerät atemlos in Panik. "Die Tüte, ich habe die Tüte vergessen!" Er will raus, so schnell es geht, nichts hält ihn. Im Kopf dreht sich alles, ihm wird übel. Noch bevor Leonhard erregt den Ausgang erreicht, steht er kerzengerade, spuckt, sackt zuckend in sich zusammen.

Schweißperlen am ganzen Körper, erschöpft, lang ausgestreckt liegt Leonhard mit Schleudertrauma, übel riechend, auf dem Bett. Oh je, oh je. Was geht es ihm schlecht. In seinem Brummschädel hallt noch der Glockenschlag nach. Obwohl er starkes Kopfweh hat, ist Leonhard glücklich. Glorie, Glorie, Halleluja. "Ich bin DRIN gewesen. Die Anstrengung hat sich gelohnt. Nun bin ich EINER von ihnen. Keiner wird mehr über mich lachen. Ich werde es wieder tun. Das ERSTE Mal bleibt nicht das ERSTE Mal."

Leonhards Mutter sitzt am Bett, streichelt ihn zärtlich, so wie es Mütter tun. „Junge, du hast mir einen ganz schönen Schrecken eingejagt. Du weißt, dass du in Menschenmengen Panikattacken bekommst. Warum hast du dich, obwohl du deswegen noch in Therapie bist, von deinen Kumpeln über-reden lassen, in das Konzert von Helene Fischer zu gehen?"

DELFIN IM HAIFISCHBECKEN

ICH WERDE AUF WELLEN SCHWEBEN
GEGEN DEN STROM GLEITEN
DEM ECHO – LOT
ANTWORT GEBEN

SCHWACHE – VERIRRTE GESCHÖPFE
AUF DEM RECHTEN WEG BEGLEITEN
MIT IHNEN SPIELEN – SINGEN
VOR FREUDE IN DIE HÖHE SPRINGEN

ICH BIN NICHT DRESSIERT –
ISOLIERT –
BEWUSST SEHR WEIT GEREIST

ICH BIN EIN FREI - GEIST

Nun war es soweit und die Presswehen kamen mit aller Macht. Ein reißender, nicht endender Schmerz durchzog den Körper von Simia, als sie gebar. Nacheinander erblickten ihre Kinder das Sonnenlicht, und eines strahlte schöner als das andere. Woher nahm Simia nur die Kraft, der Erde siebenfaches Leben zu schenken?

- - -

Einige zeit vorher:

Simia hatte sich von ihrer Familie gelöst, denn der Clan war inzwischen sehr groß geworden. Es herrschte Platzmangel, und jeder freie Raum wurde benötigt. Simia fühlte sich in ihrem Bereich, den sie den ‚Wolkenturm‘ nannte, eingeengt. Und da sie nun erwachsen war, wollte sie aus dem Gedränge heraus und sich eine Bleibe außerhalb dieses Ortes suchen, um dort ihr eigenes Leben zu führen.

„Irgendwann“, sagte sie, „wenn ich den Globus umkreist, alles gesehen und meine Erfahrungen gesammelt habe, werde ich zurück kommen.“ Das versprach Simia sich und ihrer Sippschaft, als sie sich auf den Weg in die große, weite Welt machte.

Goldene Sonnenstrahlen liebkosten Simia, ließen ihr weißes Kleid noch durchscheinender und überirdischer aufleuchten. Sie fühlte sich beschwingt, frei, voller Lebensfreude und ließ ihre reine Seele von einem Hochgefühl höher und höher tragen. Dem Horizont entgegen. Simia tanzte ausgelassen, ließ die Luftströmung dabei aber nicht unbeachtet, um keine Hindernisse zu übersehen. Bislang hatte sie im Schutz der Familie gelebt, nun war sie auf sich allein gestellt und musste die Verantwortung für sich selbst übernehmen. Sie wusste – zugegeben – nicht viel über mögliche Gefahren und war wenig darin geübt, diese zu erkennen. Ihre Familie hatte es versäumt, sie darüber aufzuklären.

Simia träumte in den neuen Tag hinein. Die Morgendämmerung war fast verflogen, und sie empfand die wärmenden, flimmernden Lichtstrahlen, die sie berührten, als sehr angenehm. Die lange Nacht hatte sie unter dem Himmelszelt verbracht, aber nun wurde es Zeit, dass sie ihre Reise fortsetzte, um irgendwann einmal ihr Ziel, das sie in weiter Ferne vermutete, zu erreichen.

War es eine optische Täuschung, oder verbarg sich hinter dem himmelblauen Dunst eine Gestalt, die Simia verfolgte? Eine massige, undurchschaubare Zusammenballung, die kaum zu ahnen war? Diese Erscheinung weckte Simias Angst und Neugier gleichermaßen und zog sie an wie ein Magnet.

„Wer bist du?", fragte sie.

„Wie würdest du mich denn nennen?", hallte es verführerisch aus dem Nebelschleier heraus.

Simia hatte nicht mit einer Gegenfrage gerechnet. Und noch während sie über eine Antwort nachdachte, forderte die Stimme sie heraus:

„Tanz mit mir!"

„Ich weiß immer noch nicht deinen Namen, außerdem kenne ich dich nicht", flüsterte Simia.

„Aber ich möchte *dich* kennenlernen, du bist so wunderschön. Verrätst du mir deinen Namen?"

„Ich werde Simia gerufen."

„Simia, ja das passt zu dir. Silbern. So wie dein Antlitz, strahlend schön", schmeichelte die Erscheinung ihr.

„Aber jetzt will ich auch deinen Namen wissen!", sagte Simia.

„Bitte, tanz mit mir", wiederholte die fordernde, tiefer werdende Stimme.

Simia konnte dem Werben der prachtvollen, schillernden Erscheinung, die nun majestätisch aus der Lufthülle hervortrat, nicht widerstehen. Wie gern würde sie tanzen! Ihre Sehnsucht danach wurde immer größer, und schließlich gab sich Simia ihrem Gefühl hin, wie im siebten Himmel schwebend und eng umschlungen von einer mächtigen, opalisierenden Gestalt.

„Wenn du willst, darfst du Wotan zu mir sagen", sprach sie. Ihr Tanz wandelte sich in ein leidenschaftliches Liebesspiel. Wotans Begehren wurde heftiger. Er wollte Simia nicht wieder loslassen.

Angstbebend versuchte sie, sich Wotans Wildheit zu entziehen, wollte sich von seiner stürmischen Anziehungskraft lösen; aber es gelang Simia nicht.

„Bitte, Wotan, lass mich fortziehen. Du tust mir weh, bereitest mir Schmerzen", flehte Simia.

„Nein, du gehörst mir und niemandem sonst!", donnerte Wotan.

Simia konnte sich nicht von ihm lösen. Er umklammerte sie ungestüm, brauste auf und drang tief in ihre Seele ein. Durch seine Erregung veränderte sich sein Aussehen. Das leuchtende Blau wurde tiefdunkel. Er sah unheimlich aus, begann zu toben und zog Simia immer tiefer in einen lichtlosen Sog, der sie hin und her wirbelte.

Sie harrte in seinem Bannkreis aus; hoffte dennoch darauf, dass seine düstere Seite irgendwann von ihr ablassen würde, doch sein blitzendes Gehabe zog sie weiter und weiter in den finsteren Strudel seiner Macht.

Wie hatte sie sich nur so von seinem Äußeren täuschen lassen können? Wotan hatte ihre Unerfahrenheit ausgenutzt und sie sich zu eigen gemacht.

- - -

Nach qualvollen Stunden war Simia sehr erschöpft. Die unsäglichen Schmerzen der Geburt wichen, doch die dunklen Schatten wollten sie nicht gehen lassen. Simia hatte keine Kraft mehr, sich gegen die schwarze Macht zu wehren. Durch die Niederkunft geschwächt, rang sie mit dem Tod, unfähig, weiter gegen Wotan zu kämpfen. So entglitt sie dem Leben, ließ ihrem Tränenfluss freien Lauf, in dem sich all ihr Kummer und Schmerz vereinigte.

Bevor Simias Seele sich im Nichts auflöste, schaute sie freudestrahlend auf das Geschenk, das sie der Erde übergeben hatte. Ihre Tränen und ihr Glück über die Neugeborenen vereinten sich zu einem vom Sonnenlicht gefärbten Farbband. Es leuchtete in den Spektralfarben: Rot, Orange, Gelb, Grün, Blau, Indigo und Violett.

Die kleine, unscheinbare weiße Wolke Simia hatte der Erde einen farbenprächtigen Regenbogen geboren.

Eine stimmungsvolle Atmosphäre umarmte Rebecca, als sie durch die schmalen Gassen Lippstadts flanierte, das an diesem Abend in ein in Flammen stehendes Lichtermeer getaucht war.

Moonlight-Shopping. Bei Kerzenschein einkaufen. Türen und Tore weit geöffnet. Mittlerweile war dieses einzigartige Kauferlebnis in dem attraktiven Städtchen an der Lippe schon Tradition geworden. Eine tolle Idee des Kulturbüros und der städtischen Werbegemeinschaft, von der Kundschaft auch aus der Umgebung seit Jahren gerne angenommen.

Vor den Läden hatten die Geschäftsinhaber rote Teppiche ausgerollt. Auf diesen standen Leuchter, aus denen die Flammen bunter Kerzen emporloderten und die Eingänge in ein warmes, freundliches Licht tauchten. Ein Willkommensgruß für Besucher, Touristen und Gäste. Und vor allem natürlich für die Kunden, die das Einkaufen bis 23 Uhr hergelockt hatte.

An diesem milden Maiabend nahm Rebecca die Menschen anders als sonst wahr. Weniger hastig und lärmend, eher bedächtig und rücksichtsvoll anderen gegenüber schlenderten sie durch die Fußgängerzone. Blieben hier und dort vor den Auslagen stehen oder liefen über die herausgeputzten Brücken in die Kaufhäuser, um sich etwas zu gönnen. Der Abend wirkte an diesem warmen Maientag wie Romantik pur auf sie.

Mit wachen Augen bummelte sie im silbernen Licht des Vollmondes durch die mit Frühlingsblumen geschmückten Einkaufsstraßen. Der Duft von Flieder vermischte sich mit den Wohlgerüchen der Speisen, die aus den unzähligen Restaurants drangen. Ja, es war richtig gewesen, sich noch einmal ins Städtchen aufgemacht zu haben!

Einige Stunden zuvor

Rebecca wippte gemütlich in ihrem Schaukelstuhl, den sie von ihrer Oma Maria geerbt hatte, auf ihrer mit Blumen und Duftkräutern dekorierten Terrasse. Genüsslich sog sie den Duft ein, der sie umgab, und atmete tief durch. Sie legte das aufgeschlagene Buch, einen Roman ihrer Lieblingsautorin Julia, zur Seite auf den kleinen, gläsernen Tisch neben sich und schaute hinauf zum Sternenhimmel.

Dort stand der volle Mond in all seiner Pracht. So passend zu der Liebesszene, die sie eben gelesen hatte und die das Blut in ihren Adern heftig pochen ließ. Lag es an Julias Liebesgeschichte, die ihr unter die Haut ging und Schmetterlinge in ihrem Bauch tanzen ließ?

Oder war es die Erinnerung an eben solch eine Vollmond-nacht, in der ihre erste Liebe begonnen hatte? Die erste in einer Reihe von Enttäuschungen, die Rebecca hatte erleben müssen. Enttäuschungen, die letztlich dazu geführt hatten, jegliche Sehnsucht nach Zärtlichkeit und Leidenschaft zu ig-norieren und sich selbst genug zu sein.

Ich brauche keine Gesellschaft! Das war ihr Mantra gewor-den. Ihre kleine Wohnung hatte sie sich gemütlich eingerich-tet, sie verfolgte interessiert das Weltgeschehen und las gerne und viel. Nicht dass Rebecca zum Menschenfeind geworden wäre, sie interessierte sich für die Menschen um sich herum und kam selbst mit fremden Leuten leicht ins Gespräch. Nur an sich heran ließ sie niemanden mehr, sie suchte keine Freundin – und erst recht keinen Freund. Nur selten kam das Gefühl auf, etwas im Leben zu verpassen, der Wunsch auszu-brechen aus der kleinen privaten Welt, in die sie sich zurück-gezogen hatte.

So wie in diesem Moment, in dem sie plötzlich ein Verlangen nach Gesellschaft übermannte, das sie kaum beschreiben konnte. Bei der Morgenlektüre des *Lippstädter Patrioten* hatte sie über den Bericht zum heutigen Moonlight-Shopping noch den Kopf geschüttelt und sich gefragt, was so etwas denn sol-le. *Einkaufen bis 23 Uhr – wer braucht das denn?* Doch nun, bei anregender Lektüre und unter dem milden Schein des Voll-mondes reizte sie mit einem Mal der Gedanke, zu so später Uhrzeit noch in die Stadt zu fahren. Sich mal wieder unter die Leute zu mischen, Bekannte zu treffen oder vielleicht auch wildfremde Menschen kennen zu lernen und sich mit ihnen zu unterhalten.

Warum eigentlich nicht? Ihr vor einer Woche erstandenes neues Outfit in Frühjahrsfarben wartete ohnedies auf seinen ersten Auftritt. Ein Ensemble aus Rosa und dezentem Lila. Die Bluse mit zartem Blumenmuster und einem tollen Dekolleté. Dazu eine leichte Strickweste in Hellblau, passend zu ihrer Augenfarbe. Außerdem hatte sie weiße Jeans zu einem erschwinglichen Preis ergattert. Verschwenderisch war Rebecca nur bei den neuen Pumps gewesen. Mehrere Schuhgeschäfte hatte sie abklappern müssen, bis sie endlich die passenden Schuhe für ihre zierlichen Füße fand. Da war ihr der Preis dann auch egal gewesen.

Geschwind, aber konzentriert zog Rebecca sich an. Legte ein dezentes Make-up auf, was sie für gewöhnlich nicht tat. Sie hatte sich für das neue Kostüm und die bunte Bluse entschieden und war mit ihrer grazilen, aber durchaus wohlgeformten Figur im neuen Look zufrieden, als sie sich vor dem bodenlangen Flurspiegel einmal um sich selbst drehte. *Schnell noch etwas mehr von dem feuchten, rosafarbenen Lippenstift auftragen!* Ein erneuter prüfender Blick: *Ja, so kann es losgehen!*

Rebecca stellte ihr Fahrzeug auf einem Parkplatz am Stadtrand ab und machte sich zu Fuß auf den Weg zur Innenstadt. Fünf Minuten später erreichte sie den belebten Marktplatz. Etwas wehmütig bemerkte Rebecca die verliebten Pärchen, die Hand in Hand über das Straßenpflaster spazierten. Die beschwingten und teils romantischen Klänge der Musik, die aus den Gasthäusern tönte, taten das ihre dazu. Eine heimliche Sehnsucht nach Zärtlichkeit in ihrem Herzen machte sich mit einem tiefen Seufzer Luft.

Einmal wieder verliebt sein? Der Gedanke ließ Rebecca sinnend langsamer werden. Ihr Blick war auf einem Pärchen hängen geblieben, das ihr eng aneinandergeschmiegt entgegenkam. Wie glücklich die beiden wirkten! Als ob sie gradewegs aus Julias Roman entsprungen wären. Doch schon meldete sich Rebeccas Verstand: *Reiß Dich zusammen, Rebecca! Damit ist es ein für alle Mal vorbei!*

Leichter gedacht als getan! Der Wonnemonat Mai machte seinem Namen alle Ehre. Die Luft schien von Serotonin, Dopamin und Oxytocin zu flimmern. Hatte die *Apotheken Illustrierte* tatsächlich recht, in der Rebecca über die erhöhte Ausschüttung der Liebeshormone in lauen Mainächten gelesen hatte?

Ihr knurrender Magen unterbrach Rebeccas Überlegung und brachte in Erinnerung, dass sie seit dem Mittag nichts mehr gegessen hatte. Also machte sie sich auf die Suche nach einem Bistro, um dort mit einem kleinen Leckerbissen ihren Hunger zu stillen. Aber leider, so schien es, war nirgends ein Platz frei.

Doch Rebecca gab so schnell nicht auf. *Vielleicht habe ich ja doch noch Glück?* Und tatsächlich, vor einer stilvoll illuminierten Cocktail-Bar fand sich schließlich ein kleiner freier Tisch. Sie nahm in einem der bequemen Korbsessel Platz und griff nach der Karte. Leider gab es dort keine Snacks. Doch den eroberten Platz unter den vielen gut aufgelegten Besuchern des Shopping-Abends wollte sie nicht gleich wieder aufgeben. Hier bot sich Gelegenheit, andere Menschen zu beobachten und ein wenig an ihren Gesprächen teilzuhaben – eine Neigung, der sie gerne und ohne Scheu nachging. *Also erst mal hier etwas trinken! Bis später zum Würstchenstand direkt am Parkplatz werde ich es wohl aushalten.* Hochzufrieden mit ihrem Entschluss winkte sie dem Kellner und bestellte ein Glas Rotwein.

Normalerweise trank Rebecca selten oder gar keinen Alkohol, aber die Fröhlichkeit all der Menschen in der Abenddämmerung verlockte sie dazu, sich diesen Tropfen zu erlauben. Mehr als ein Glas würde sie jedoch nicht riskieren, da sie mit dem Wagen hergekommen war.

Der fruchtige, schwere Rotwein schmeckte vorzüglich. Rebeccas Wangen begannen im Kerzenlicht zu glühen, und in ihrem Innern flammte ein lang erloschenes Feuer auf. So erhitzt fühlte sie sich unbeschwert und frei von Sorgen. Übermütig werdend überlegte sie, vielleicht doch noch ein zweites Glas zu bestellen, und trank das letzte Drittel des Glases mit einem Zug aus. Suchend drehte sie sich nach dem Kellner um und bemerkte dabei, dass sie wohl schon einen kleinen Schwips hatte. Fast war es ihr peinlich. *Lieber noch etwas sitzen bleiben. Hoffentlich bemerkte es niemand!*

Während sie so saß, fragte sie sich, vom Wohlgeschmack des Weins und sicher auch vom Alkohol verführt, warum sie sich nicht eine ganze Flasche dieser exquisiten Gaumenfreude mit nach Hause nehmen sollte. *Ja, warum eigentlich nicht?* Es war einer dieser wenigen Momente in Rebeccas Leben, in denen sie auch mal Fünf gerade sein ließ – und sie genoss es!

So kam es, dass sich Rebecca wenig später mit einer Weinflasche im schmucken Tragerl leichtfüßig tänzelnd auf den Weg zum Parkplatz machte. In Gedanken schon auf ihrer Terrasse vor dem funkelnden Rotweinglas sitzend, übersah sie einen Poller, stolperte auf dem Bürgersteig und blieb mit dem Absatz ihres rechten Pumps im Kopfsteinpflaster stecken. Doch bevor sie das Gleichgewicht verlor und zu Fall kam, konnte sie sich gerade noch rechtzeitig mit dem rechten Arm an einer Schaufensterscheibe abstützen.

Und dann sah sie **ihn**. In Reichweite. Anmutig, rötlich angestrahlt vom Kerzenschein. Seine edle, imposante Erscheinung machte sie sprachlos. *Was für ein charismatisches Exemplar!*

Ihre Beine versagten, schienen sie nicht länger tragen zu wollen. *Jetzt reiß dich zusammen!*, ermahnte sie sich. Aber genau **so** hatte sich Rebecca ihn in ihren leidenschaftlichsten Träumen als Wunschbild vorgestellt. Dieser schlanke, makellose und wohlgeformte südländische Körper hinter der Glasscheibe ließ sie zur Bewegungslosigkeit erstarren.

Und da er sich nun langsam zu ihr drehte, konnte sie ihn von allen Seiten in Augenschein nehmen. Ihre Hände zitterten, wollten sich nach ihm ausstrecken, ihn berühren und nie wieder loslassen. Wie ein Magnet zog er sie magisch an.

Es gab sie vielleicht doch, die Liebe auf den ersten Blick! Wenn ja, dann war **er** es, auf den Rebecca sich einlassen und mit dem sie zusammenleben könnte. So nah und doch unerreichbar, weil das Fensterglas sie voneinander trennte. Sollte sie das Geschäft betreten, sich ihm diskret nähern ohne aufdringlich zu sein?

Wie konnte ihr das passieren? So oft war Rebecca nach Feierabend an diesem Fenster vorbeigegangen. Hatte sie vorher Scheuklappen vor den Augen oder einen Tunnelblick gehabt, dass sie ihn bisher nie bemerkt hatte? Aber vielleicht war er ja auch erst seit kurzem in der Stadt.

Was überlegst du noch? Willst du ihn, ja oder nein? Trau dich! Schau ihn dir in aller Ruhe an. Wenn er nicht hält, was er zu versprechen scheint, kannst du das Geschäft ja wieder verlassen. Los, Rebecca, wer nicht wagt, der nicht gewinnt!

Mutig und mit hochrotem Gesicht trippelte Rebecca hinein, um sich das Objekt ihrer Begierde aus der Nähe anzusehen. Der erste Eindruck hatte sie nicht getäuscht. Verzückt von so viel Eleganz ließ sie sich dazu hinreißen, näher an ihn heranzuhuschen, zaghaft und unbemerkt von anderen Kunden. Ihr Herz klopfte so laut, dass sie Angst hatte, man könnte es hören oder es würde vor Freude zerspringen.

Ja, ihn hätte sie gerne in ihrer vereinsamten Wohnung! Den Abend und die Nacht glücklich an seiner Seite verbringen, mit ihm den feurigen Rotwein genießen. Sich von ihm verführen lassen. Einmal wieder unvernünftig und lebendig sein, sich spüren, den Gefühlen freien Lauf lassen, ohne moralische Bedenken.

Rebecca nahm allen Mut zusammen und war dann überrascht, wie leicht es ihr fiel. Und so kam es, wie es kommen sollte. Freudestrahlend fuhr sie nach Geschäftsschluss mit ihrer unverhofften Eroberung zu sich nach Hause.

Das böse Erwachen folgte bereits am nächsten Morgen. Keine Spur Euphorie mehr. Rebecca saß mit Katzenjammer am Frühstückstisch – allein wie gewohnt. Nichts hatte sich in ihrem Dasein verändert.

Sie hatte Kopfweh. Mit einem starken Kaffee versuchte sie, die Nachwehen ihres wonnetrunkenen Abenteuers im Keim zu ersticken. Ja, es war eine beglückende, anregende Nacht mit ihm gewesen, aber das schlechte Gewissen hatte sie fest im Griff. *Nein*, schwor sie sich, *ich werde mich nicht mehr auf ihn einlassen!* Sie würde seinen Verlockungen widerstehen. Besser ein Ende mit Schrecken als ein Schrecken ohne Ende.

Rebecca streckte sich und schlug mit den Fäusten neben das Frühstücksbrettchen. *So geht das nicht*, hielt sie ihrem Brummschädel vor. *Und Alkohol ist auch keine Lösung, um mit der Einsamkeit klarzukommen!* Damit stellte sie **ihn**, den beim Moonlight-Shopping erworbenen und so schmucken kristallenen **Roten Römer**, als Dekoration in ihre Vitrine. *Nur noch anschauen! Weiter nichts.*

ENTPUPPT

DU FLÜGELLOSE ERSTARRUNG
RUHTEST GESCHÜTZT IN *DEINER* HÜLLE
ZUR INNERLICHEN NEUGESTALTUNG

STRAHLENDE STERNSCHNUPPEN
ERLÖSTEN *DICH* EINGESPONNENEN KOKON
AUS *DEINER* WEHRLOSIGKEIT

FILIGRANE FLÜGEL BILDETEN SICH
UM *DICH* DURCH SINNVOLLE LEBENSLUST
IN DIE HIMMELSHHÖHEN ZU LEITEN

"FLIEG DOCH, FLIEG"

FILMENTWICKLUNG

BATTERIE

AUFGELADEN

DURCH ENERGIE

AUS GEISTIGER NAHRUNG

SETZE SIE EIN

HALTE INNE

WARTE UNSICHER

AUF FLIESSENDES LICHT

LASSE MICH NICHT BLENDEN

NICHT TÄUSCHEN

VOLLNEBELN

ICH SORTIERE

DIE SCHATTEN

SETZE DIE ROSAROTE

BRILLE AB

SUCHE DIE WAHRHEIT

ENTSCHEIDE ZIELSTREBIG

ICH LASS LOS

PUZZLE IN NEGATIV

ICH BELICHTE

EIN NEUES BILD

FÜLLT DEN RAHMEN

AUS

„FÜR DICH, MEIN HERZ"

Zu guter Letzt, nach vielen Monaten erfolgloser Verhandlungen, konnten Ronald und der PR-Manager einer großen Kosmetikfirma den Vertrag unterzeichnen. Das Angebot der anfangs zusammen mit seiner Ehefrau Bettina nach ihrer beider Studium aufgebauten Werbeagentur hatte die Vorschläge der Konkurrenz bei weitem unterboten. Und das Budget des Auftraggebers war zu dessen Zufriedenheit nicht überschritten worden. Ronald und seine Mitarbeiter waren nach Jahr und Tag endlich vom Druck einer kniffeligen Ausschreibung einschließlich Kostenplan befreit.

Erleichtert feierten die Verhandlungspartner nach diesem letzten langen Meeting in Rolands Firmensitz den Erfolg mit einem Glas Champagner und den angelieferten Snacks eines stadtbekannten Catering-Service. Weitere lukrative Aufträge für die Agentur würden folgen, versicherte der Manager, bevor er sich mit einem kräftigen Händedruck vom Agenturinhaber verabschiedete.

Ronald verließ die Agentur mit seiner attraktiven Sekretärin und einer Flasche Champagner im Arm gut gelaunt durch den Haupteingang. Sie unterhielten sich sehr angeregt miteinander und schlenderten durch die Hinterhofeinfahrt zum firmeneigenen Stellplatz. Fast alle Angestellten, die vor ihm die Agentur verlassen hatten, waren bereits in ihre Fahrzeuge eingestiegen und verließen nacheinander den Parkplatz. Sie reihten sich an der nahen Straßenkreuzung in die verschiedenen Fahrtrichtungen ein.

Bei Ronald dauerte es allerdings wegen eines unaufschiebbaren Gesprächs mit einem eng vertrauten Mitarbeiter noch etwas, bis er in seinen Mercedes einstieg, in dem seine Sekretärin auf dem Beifahrersitz auf ihn wartete. Die junge Frau wollte noch in dieser Nacht zu Vorbereitungen ihrer Hochzeit mit dem Zug zu ihren Eltern reisen und Ronald hatte ihr versprochen, sie zum Bahnhof zu fahren.

Seltsam, dachte er, *normalerweise sind um diese Zeit viel weniger Autos auf der Hauptstraße.* Ronald hatte keine Lust, sich in die Schlange stehender Autos einzuordnen, die sich mittlerweile vor der Hauptausfahrt des Parkplatzes gebildet hatte. Er startete den Wagen und lenkte ihn nach links zur Ausfahrt in eine schmale Einbahnstraße. Das würde den Umweg über den Bahnhof nicht gerade kürzer machen.

Im Vorbeifahren sah er das zuckende Blaulicht eines Polizeifahrzeuges und dass der Kreuzungsbereich wenige Meter weiter auf der Hauptstraße komplett abgesperrt war. Polizisten leiteten den Verkehr um. Und dann wurde die Sirene weiterer Einsatzwagen immer lauter, bis ihr ohrenbetäubendes Geheul vor Ort abrupt abbrach.

„Hoffentlich ist niemand lebensgefährlich verletzt", wandte sich Roland zu seiner Mitfahrerin, und bog in die kleine Seitenstraße.

Er freute sich auf einen innigen Abend mit seiner Bettina. Die Flasche Champagner, die er kurz vor der Vertragsunterzeichnung in seinem Büro deponierte, lag nun sicher verstaut im Kofferraum. Er wollte Bettina damit überraschen, den heutigen Triumph mit ihr feiern und ihr von Herzen danken, dass sie ihm stets den Rücken freigehalten hat und alle häuslichen

Probleme ohne ihn löste. Ihr sagen, dass er sie liebt. Immer noch. Wie am ersten Tag. Und dass er nun endlich mehr Zeit für sie haben würde.

Sein schlechtes Gewissen hatte ihm bisher alle möglichen Ausreden für die vielen Abende eingeflüstert, die er in der Agentur verbrachte und nicht bei ihr. Oft arbeitete Ronald wie besessen bis spät in die Nacht hinein, ohne Rücksicht auf seine Gesundheit zu nehmen. Auch an den Wochenenden war kaum Zeit für Unternehmungen mit seiner Bettina gewesen. Und den gemeinsamen Kinderwunsch hatten sie mit Rücksicht auf das Geschäft immer wieder aufgeschoben. Das war nie ein Reibungspunkt zwischen den Eheleuten gewesen. Aber vielleicht wäre sie mit einem Kind glücklicher geworden, ausgelastet und würde ihn nicht so sehr vermissen?

Das arbeitsintensive Leben eines erfolgreichen Geschäftsmannes machte Robert eigentlich nie viel aus. Erst nach einer unverhofften Panikattacke durch heftige Schmerzen in seiner linken Brust war ihm bewusst geworden, dass er dringend etwas ändern musste. Laut Aussage des Kardiologen, dem Ronald sich zwischenzeitlich ohne Bettinas Wissen anvertraute, hatte er bereits zwei stille Herzinfarkte erlitten. Die Koronargefäße waren verengt und kleine Bereiche des Herzmuskels bereits abgestorben. Ronald bekam mehrere Stents gesetzt.

Für die OP hatte er sich eine Ausrede bei Bettina einfallen lassen. Auch seine Mitarbeiter behelligte er nicht mit seinem Problem. Eine dringende Geschäftsreise und einen Termin für ein neues Werbeprojekt müsse er wahrnehmen, war seine

Erklärung am Telefon gewesen. Bettina hatte nicht nachgefragt, sie kannte ja seinen Einsatz für die Firma.

Danach war es klar: Ronald benötigte dringend ein neues Herz. Die Liste um eine Organspende wurde um seinen Namen erweitert, erhielt Priorität. Er bekam starke Medikamente, die ihm die Schmerzen und den Alltag etwas erträglicher machten.

Bettina wollte Ronald nicht mit seinem kranken Herzen beunruhigen. Aber er begann nachdenklich zu werden. Ja, die Agentur war sein Ein und Alles gewesen, viel zu wenig hatte er sich um Bettina gekümmert. Sie war seinetwegen nach einigen Jahren aus dem Betrieb ausgeschieden, um ihm ein gemütliches Heim einzurichten. Dort hatte sich Ronald nach Feierabend entspannen können, wann immer seine Zeit es erlaubte.

Es war für ihn anfangs ganz selbstverständlich gewesen, und er machte sich keinerlei Gedanken darüber, ob Bettina dieses Leben ausfüllen könnte. Doch dann bemerkte Ronald, wie ihre Augen müder, vielleicht auch trauriger wurden und immer öfter stellte er sich die Frage, ob nicht stille Vorwürfe darin lagen. War es seinetwegen, dass Ihre sonst so strahlenden Augen den Glanz verloren hatten? Aber immer wieder beruhigte er sein Gewissen mit seiner Rolle in der Agentur. Musste nicht gerade er als Chef seine Arbeit tun! Trug er denn nicht auch seiner gesamten Kollegenschaft und dem Unternehmen gegenüber Verantwortung?

Erst sein angeschlagener Gesundheitszustand und die Erkenntnis, dass Bettina nur noch ein Schatten ihrer selbst zu sein schien, ließ ihn ihre Situation deutlich erkennen. Die

Angst, er könnte seine Bettina für immer verlieren, ließ den Entschluss in ihm reifen, einen Teil der Verantwortung für die Firma an einen guten Freund abzugeben und ihm eine Kooperation als Teilhaber anzubieten. Das Angebot war dankbar angenommen worden. Mit dem guten Gefühl, bald von einem Teil der Bürde als bisheriger Alleininhaber und der Fürsorgepflicht seinen Mitarbeitern gegenüber entbunden zu sein, wollte er den Neuanfang mit Bettina wagen und hatte sich vorgenommen, mehr Zeit miteinander zu haben. Und die Krankheit sollte sein Vorhaben nicht durchkreuzen, hoffte er innigst.

Bettina war zwar nach ihrem Rückzug aus dem Geschäft nicht eifersüchtig auf Ronalds Engagement für die Agentur, nein, aber sie fühlte sich im Laufe der Zeit immer weniger von ihm wahrgenommen, geschweige denn in seinen Lebensalltag eingebunden. Als Außenseiterin kam sie sich vor, überflüssig und nur noch schmückendes Beiwerk eines erfolgreichen Unternehmers. Die zärtliche Nähe und innige Verbundenheit, das Feuer ihrer Leidenschaft war erloschen.

Sie hatte inzwischen längst die Hoffnung aufgegeben, dass Ronald die kurzen förmlichen Gespräche, ihre Hilferufe nach Zweisamkeit, verstehen wollte. Hörte er ihr überhaupt zu? Die kurzen angespannten Streitgespräche führten zu nichts. Ihre zaghaften Bitten nach Verständnis verstummten. Sie fand keine Worte mehr dafür und wollte auch nicht mehr mit ihm darüber reden. Bevor sie die Fassung verlieren und der Streit eskalieren würde, ertrug sie lieber stillschweigend ihren Kummer. Auch wollte sie keine bösen Dinge aussprechen, die sie vielleicht später bereuen müsste. Vielleicht auch besser so, bevor sich beide im Ton vergreifen und noch mehr verletzen würden.

Viele unbeantwortete Fragen standen weiterhin trennend im Raum. Ronald und Bettina hatten ihre Dialoge verlernt. Also war es zu keiner Aussprache gekommen, die Bettina so wichtig gewesen wäre. Schweigsam wie zwei Fremde saßen sich die Eheleute bei den wenigen gemeinsamen Abendessen gegenüber. Ein tiefer Riss hatte ihre Liebe füreinander entzweit. Es wurde still im Haus, und Bettina vergrub sich immer mehr in die Einsamkeit. Sie war erschöpft. Was war aus Roland, ihrem Schutzschild in allem und treuen Lebensbegleiter geworden?

Es war bereits nach 23 Uhr, als Ronald den Wagen in die Garage seines Anwesens fuhr. Die eindrucksvolle Villa war hell erleuchtet. Ronald holte die Flasche Champagner aus dem Kofferraum und verbarg sie unter seiner Anzugjacke. Voller Vorfreude schloss er die Haustür auf und eilte in das Licht überflutete Esszimmer. Wie angewurzelt blieb er im Türrahmen stehen. Der Tisch im großen Speisezimmer war festlich gedeckt, und das vorbereitete Menü stand erkaltet und unangetastet darauf. Das geschmolzene Kerzenwachs aus den Kristallleuchtern war über das Tafelgeschirr und das Mahagoniholz des Esstisches gelaufen. Was hatte er vergessen? Bettinas fünfundvierzigsten Geburtstag? Nein, der war erst im nächsten Monat. Diesen Tag hatte Ronald doch im Terminkalender rot markiert. Was war also los? *Ich habe unseren zwanzigsten Hochzeitstag vergessen!*, fiel es ihm wie Schuppen aus den Augen.

Hastig stolperte er die Treppe zum oberen Stockwerk hinauf und rief Bettinas Namen, bekam aber keine Antwort. Er schaute in jedes Zimmer hinein, konnte sie aber nicht finden. *Vielleicht schläft sie schon?* Leise betrat Ronald den dunklen Raum, schaltete das Licht im Schlafzimmer an und erstarrte abermals. Das Bett war unberührt. Eine Tür vom Kleiderschrank stand offen. Bettinas Abendgarderobe fehlte. Hatte sie ihn verlassen? War das ein Spiel? Und wenn, dann war es nicht lustig.

Ronald sah einen Briefumschlag auf der Bettdecke liegen. Mit Bettinas filigraner Handschrift geschrieben stand darauf:
„FÜR DICH, MEIN HERZ."

Verzweifelt brach er zusammen. Kalter Schweiß floss aus seinem immer noch vollen Haar in sein aschfahles Gesicht und tropfte auf sein Jackett. Das Salz der heißen Tränen brannte höllisch in seinen Augen. Mit zitternder Hand nahm er den Umschlag vom Bett. Gerade, als er das Couvert öffnete und den Brief heraus nehmen wollte, schrillte das Mobiltelefon in seinem Arbeitszimmer. Ronald rannte, so schnell er konnte, hinunter und nahm hastig das Handy an sein Ohr.

„Bettina? Endlich. Wo bist du?", schrie er besorgt.

„Hallo, spreche ich mit Herrn Ronald Jung, den Ehemann von Frau Bettina Jung?"

„Ja, aber wer ist da? Was ist mit meiner Frau?"

„Mein Name ist Dr. Wagner aus dem Herzzentrum. Ich muss Ihnen leider mitteilen, dass Ihre Frau Bettina vor anderthalb Stunden hier eingeliefert wurde. Ihr war aber nicht mehr zu helfen. Hirntod.

„Bitte, das kann doch nicht sein! Aber ...aber ...was ist denn passiert?"

„Herr Jung, Passanten haben Ihre Frau auf der gegenüberliegenden Straßenseite von ihrer Werbeagentur gesehen. Sie wollte wohl zu Ihnen. Zeugen berichteten, dass sie Ihren Namen gerufen habe, als Sie freudestrahlend mit einer sehr hübschen Frau im Arm aus Ihrer Agentur herausgekommen sind. Herr Jung, Ihre Frau ist auf dem Bürgersteig zusammengebrochen. Wir konnten leider nichts mehr für sie tun."

„Bitte, ich verstehe nicht!"

„Herr Jung, bitte hören Sie! Ihre Frau ist in den letzten Monaten hier im Klinikum mehrfach untersucht worden, wobei ein irreparabler Gehirntumor festgestellt wurde, sodass ihr nur noch wenig Lebenszeit bleibt. Dabei hat Sie *Ihren* behandelnden Arzt kennengelernt und erfahren, dass Sie auf ein Spenderherz warten. Nach ausgiebigen Tests wissen wir, dass Ihre Frau als Spenderin für Sie in Frage kommt."

Stille.

„Hallo, Herr Jung, sind Sie noch da? Ein Krankenwagen ist bereits unterwegs zu Ihnen. Wir haben alles für eine Transplantation vorbereitet."

„Nein! ... Nein! ... Das ist nicht wahr! Sagen Sie dass das nicht wahr ist!"

„Ihre Frau hat Sie sehr geliebt."

Ein reißender, stechender Schmerz durchbohrte Ronalds rasendes Herz. Er presste die rechte Hand mit dem geöffneten Briefumschlag an die Brust und sackte zusammen. In dem Moment, als er tot auf den weißen, frisch polierten Marmor-

boden sank, fiel eine Letztwillige Verfügung und ein Spender-
ausweis aus dem Kuvert heraus.

GESCHICHTSBUCH

ICH LESE JEDEN TAG
IN OFFENEN GESICHTERN

SIE ERZÄHLEN GESCHICHTEN
IN GRAUEN - BUNTEN KAPITELN

SPIEGELN DEN INHALT WIDER
JE NACH HINTERGRUND

ICH LESE JEDEN TAG
IN GEÖFFNETEN BÜCHERN

VIELE VIELE SIND NOCH NICHT ZU ENDE GELESEN

HERZ – ZENTRUM

SIE WOLLEN:
-RENNEN
BLEIBEN AUF DER STELLE STEHEN
- VORWÄRTS FAHREN
ROLLEN ABER ZURÜCK
- FLIEGEN
DOCH SIE HABEN KEINE FLÜGEL
- GERADEAUS GEHEN
BIEGEN DENNOCH FALSCH AB

SIE DREHEN SICH IM KREIS
VERLIEREN DEN HALT
ANSTATT DEN WEG ZU GEHEN
DER FÜR SIE BESTIMMT IST

ZU IHREM MITTELPUNKT!

ICH HABE MEINEN
DURCH SEINE LIEBE UND FÜHRUNG GEFUNDEN

TIEF IN MEINEM HERZEN!!!

HOFFNUNG

DURCH GEDULD
DAS KOMMENDE RUHIG ZU ERWARTEN

DURCH WAGEMUT
DIE ANGST ZU BESIEGEN

DURCH TOLERANZ
VETRAUEN ZU SCHAFFEN

GLAUBEN
UM TIEFE FREUDE ZU EMPFINDEN

DURCH SELBSTVERTRAUEN
DAS LEBEN ZU LEBEN

NUR WER SICH SELBST LIEBT
KANN LIEBE GEBEN

KLAGELIEDER

ERZÄHLEN

GEFÜHLLOSE GESCHICHTEN

- ÜBER HASS

ANGETRIEBEN

VON DEM INNERSTEN

VON WÜNSCHEN -

SEHNSUCHT

NACH ERLEBEN

MANGELNDER LEIDENSCHAFT

SCHMERZ

PHANTASIEVOLLE MÄRCHEN

- VON LIEBE

EMPORGESTIEGEN

AUS DER TIEFE

"BEGEHREN"

MANCHMAL

WERDEN MÄRCHEN WAHR!

FÜR MOMENTE

SEI DANKBAR

FÜR DIESE AUGENBLICKE

BEKLAGE DICH NICHT, MEIN HERZ

Wie ich die Farbe Grün als Kind gehasst habe, dachte Selena. Sie schaute liebevoll auf das Kinderbett herab, in dem ihr dreijähriger Sohn Lucca mit seinem grünen Stoffdino im Arm friedlich schlummerte.

Ein tiefes, warmes, inniges Gefühl breitete sich in Selenas Herz aus. Nach all den Jahren der Ungewissheit, ob sie einem Kind das Leben schenken könnte, war sie eine glückliche, dankbare Mutter geworden.

- - -

Als Kind konnte Selena mit der Farbe Grün nichts anfangen. Keine lustigen oder schönen Dinge mehr damit in Verbindung bringen. Der Grund dafür war, dass sie als Sechsjährige einen Frosch in ihrem Schultornister herumgetragen hatte, ohne es zu wissen. Selena hatte ihren Tornister auf dem Nachhauseweg am Straßengraben abgelegt, um ein paar Wildblumen für ihre Oma zu pflücken.

Daheim angekommen, nahm sie für die Hausaufgaben ihre Schreibtafel aus dem Ranzen, als plötzlich ein kleiner grüner Frosch heraus auf den Küchentisch hüpfte. Selena wäre vor Schreck beinahe in Ohnmacht gefallen, wäre ihr da nicht ihre Omi fix zur Hilfe geeilt. Oma Freda hatte einen kleinen Eimer, ein Kehrblech und einen Handfeger geholt. Mit dem Handfeger schob Oma den Frosch aufs Blech, um ihn dann vorsichtig in den Eimer zu setzen. Draußen setzte Oma den kleinen grünen Frosch unter einem Baum im Garten aus.

Von diesem Schrecken hatte sich Selena lange nicht erholt. Das Erlebnis hatte ihr die Farbe Grün gründlich verdorben.

Grün war seitdem tabu: Grüne Buntstifte und grüne Wasser-
farbe wurden im Etui und Malkasten ignoriert. Wenn Selena
eine Wiese malte, war diese gelb oder rot.

Einmal fragte ihre Lehrerin sie, warum ihre Wiesen so bunt
seien. Selena musste nicht lange überlegen und antwortete:
„Wir haben zu Hause keine Wiese. Nur einen Garten. Da
wachsen Bohnen an Stangen, Erbsen, Kartoffeln, Wirsing, Spi-
nat und anderes grünes Gemüse in den Beeten. Immer ist al-
les nur Grün. Grün ist langweilig."
   Die erstaunte Lehrerin musste bei dieser Erklärung schmun-
zeln.
   „Aber woher kommen dann das Gelb und Rot auf deinem
Zeichenblock?", fragte sie Selena.
   „Das sind die wunderschönen Blüten der Pflanzen. Die mag
ich, auch weil dann die Bienen durch die Luft sausen und den
Nektar sammeln."

Ein andermal saß Selena am Tisch und zog eine Schnute. Auf
dem Teller, der vor ihr stand, war schon wieder was Grünes:
Spinat.
   „Ich will das nicht essen", schmollte Selena und versuchte,
mit ihrer Kindergabel den Spinat von den Kartoffeln zu scha-
ben. Sie stocherte im Essen herum, dass ihre Brüder anfingen,
sich über sie lustig zu machen.
   „Wenn du nur die Kartoffeln essen willst, leck sie doch vor-
her ab", hänselten ihre Brüder sie und lachten, dass ihnen das
Essen aus dem Munde fiel.

„Ihr seid doof, dann habe ich den Spinat doch im Mund", maulte Selena gekränkt, den Tränen nahe.

„Hört auf mit dem Quatsch", wies Selenas Mutter die Kinder zurecht. „Und du, mein liebes Fräulein, isst den Spinat. Damit du groß und stark wirst."

„Das muss ich nicht werden, wozu habe ich denn drei große Brüder?", erwiderte sie.

Wieder konnten sich ihre Brüder das Lachen nicht verkneifen. Auch ihre Mutter musste sich zur Seite drehen, damit Selena nicht sah, dass sie ebenfalls schmunzelte.

„Selena, das, was auf dem Tisch steht, wird gegessen!", sagte sie.

„Ich mag aber keinen Spinat! Das sieht aus wie das, was die Kühe bei Hinkels auf die Wiese fallen lassen."

„Gut, wenn du den Spinat nicht essen willst, musst du eben ohne Essen ins Bett. Sonderwünsche gibt es hier nicht!"

Die Mutter nahm den Teller vom Tisch, räumte das restliche Geschirr ab und begann mit dem Abwasch. Selenas Brüder waren längst feixend hinauf in ihre Zimmer gegangen.

Ihre Wangen hatten sich rötlich verfärbt. Wütend trommelte Selena mit ihren kleinen Fingern auf den Tisch. Sie schaukelte mit ihren kurzen Beinchen, die in der Luft hingen, heftig Hin und Her und stieß immer wieder gegen das Tischbein. Angestrengt überlegte sie, wie sie doch noch etwas zu Essen bekommen könnte und schaute ihre Oma Freda pfiffig an. Diese saß noch immer ganz gelassen am Küchentisch, wohl darauf wartend, dass das Geschirr abgetrocknet werden konnte.

Dann stand Oma auf und ging in die Spülküche. Selena hörte, wie die beiden Frauen sich angeregt unterhielten. Zwar nur im Flüsterton, doch ein paar Wortfetzen drangen zu Selena herüber. „Mädchen ... Hunger ... Butterbrot ...“

Das war alles, was Selena hörte. Sie rutschte neugierig geworden vom Stuhl und versteckte sich hinter der angelehnten Küchentür, um dem Gespräch in der Küche zu lauschen. Durch den Spalt hindurch konnte sie Oma und ihre Mutter sehen, aber verstehen, was dort gesprochen wurde, konnte sie hier in der Ecke auch nicht. Als Schritte näher kamen, setzte sich die vorwitzige, kleine Göre wieder flink auf den Küchenstuhl, als wäre nichts geschehen. Dort wartete sie mit hochroten Ohren ab, in der Hoffnung, Oma würde kommen und ihr was zu Essen bringen. Aber das geschah nicht. Stattdessen hörte sie die Treppe knarren, als Oma hinauf in ihr Zimmer ging. Und dann kam Selenas Mutter herein und sagte: „Nach oben, Zähneputzen und ins Bett.“

„Aber ich habe Hunger!“, schluchzte Selena, und Tränen kullerten aus ihren kleinen Augen.

„Hättest du den Spinat und die Kartoffeln gegessen, wärest du jetzt satt und müsstest nicht mit leerem Magen zu Bett gehen. Ich wiederhole: Abmarsch ins Bett!“

Selena schaute ihre Mutter mit verweinten Augen an, gab ihr trotzdem einen Gutenachtkuss auf die Wange und schlurfte hungrig und brummig die Treppe hinauf.

Oma Freda lag bereits im Bett, als Selena zu ihr ins Zimmer kam. Wie jeden Abend kuschelte sie noch mit ihrer Oma, denn

Oma Freda erzählte immer eine spannende Gutenachtge-
schichte.
Darüber vergaß Selena für einen Moment ihren Ärger und
den Hunger.

An diesem Abend erzählte Oma eine ganz besondere Ge-
schichte. Sie schilderte Selena ihre Kindheit im Krieg und dass
viele Menschen auf der Welt Hunger leiden müssen.
Dann holte Oma ein Einwickelpapier aus der Nachttisch-
schublade heraus. Sie packte zwei kleine Leberwurstbrote
aus und reichte sie Selena.
„Omi, du bist die Beste!" Die kleinen Arme umschlangen Oma
so fest, dass diese kaum mehr Luft zum Atmen hatte.
„Bedank dich bei deiner Mutter, sie lässt doch ihre Kinder
nicht verhungern. Oder meinst du, deine Mutter sei eine Ra-
benmutter?"

Der Sandmann hatte längst Traumstaub in Selenas Äugel-
chen gepustet, als sie der Oma müde ins Ohr flüsterte:
„Oma, der grüne Frosch auf dem Küchentisch war so hässlich
und eklig. Seitdem mag ich nichts Grünes mehr leiden und
essen".
Selena und Oma Freda konnten in dieser Nacht gut schlafen.

In den nächsten Wochen aß Selena auch Spinat, zwar immer
noch widerwillig, aber der Teller war jedes Mal zum Erstau-
nen ihrer Mutter leer gegessen. Oma Freda und Selena lächel-
ten sich verschworen an. Die Geschichte von dem Frosch und
den Butterbroten war und blieb für immer ihr Geheimnis.

Seit Selena erwachsen und selbst Mutter war, hatte sie sich mit der Farbe Grün arrangiert. Sie nahm Luccas grüne Schmusedecke, die am Ende des Kinderbettes lag, und deckte ihn fürsorglich damit zu.

Lucca liebte die Farbe Grün heiß und innig, seit er diesen Namen aussprechen konnte. Und Spinat mochte nicht nur Lucca. Nun mochte Selena ihn auch.

LUMPENGESINDEL???

Meine Vorfahren haben einen weiten Weg hinter sich. Über Jahrhunderte mussten sie auf ihrer Wanderschaft trostlose und wenig freundliche Landschaften durchqueren. Doch endlich fanden sie nach vielen Feindseligkeiten und überstandenen Krankheiten hier in diesem sonnigen Land fruchtbaren Boden und einen Platz in der Gesellschaft der Einwohner dort.

Meinem Volk gefiel die hiesige Lebensart, und gerne passte es sich an das Leben in der neuen Heimat an. So war es kein Wunder, dass unsere Zahl stetig wuchs.

Auch ich schenkte vielen Kindern das Leben und sah voller Stolz, wie sie prächtig gediehen. Wir waren weder mit Reichtum gesegnet, noch von edler Herkunft. Doch wir fühlten uns wie im Paradies, standen aufrecht in der Sonne dieses Landes, das uns so reiche Frucht bescherte. Auch wenn einige der Flurnachbarn über uns tuschelten oder uns gar auf unser einfaches Aussehen ansprachen.

Manchmal hörten wir auch böse Worte. „Lumpengesindel", beschimpften uns einige Hitzköpfe, „ihr seid eine Kulturschande! Was sucht ihr hier? Geht doch daher zurück, woher ihr gekommen seid!

Aber ich hörte nicht darauf. Sollten sie sich doch über uns das Maul zerreißen. Gerade solche Angriffe ließen mich und meine Kinder noch enger zusammen rücken.

Doch als mich völlig unerwartet eine lähmende Müdigkeit heimsuchte, konnte ich mich nicht mehr ausreichend um meine Bande kümmern. Fremde Menschen kamen und überprüften meine Gesundheit. Hilflos angewurzelt stand ich da und musste hören, dass es mit meinem Leben wohl bald zu Ende gehen würde. Und dann entriss man mir meine Kinder. Von einem Moment auf den anderen war unser Familienzusammenhalt jäh unterbrochen. Mir brach fast mein Herz vor Kummer, doch niemand konnte mir helfen.

So jäh alleingelassen konnte ich nur hoffen, dass es meinen geliebten Abkömmlingen in ihrem neuen Umfeld ebenso wohl erging, wie sie es bei mir hatten. Doch das Getuschel in der Nachbarschaft ließ mich anfangs eher Böses fürchten.

Eigentlich hat mich das Gerede um mich herum nie interessiert, aber als ich bemerkte, dass sich die Nachbarinnen über meine Kinder unterhielten, musste ich einfach zuhören. „Ob sie überhaupt weiß", vernahm ich, „was mit den Blagen geschieht, wenn sie abgeholt werden?" Ich stellte mich taub, lauschte aber dennoch, um mehr über den Aufenthalt meiner Sprösslinge in Erfahrung zu bringen.

Da musste ich mit anhören, dass meine Kinder verkauft und voneinander getrennt an verschiedene Orte gebracht worden seien. Sie würden in Container zusammengepfercht und auf riesigen Frachtschiffen in ferne Länder verschickt. Am Ankunftsort würden viele Augen und Hände ihren Gesundheitszustand begutachten, um mit ihnen und ihrer biologischen Naturgabe Geld verdienen zu können. Allerdings behandele man die schwächeren Kinder wie Aussätzige. Als *Lumpenpack* würden sie beschimpft, aussortiert und in ärmere Staaten zu Dumpingpreisen verkauft. Einige fänden sogar nur beim Militär Verwendung.

Mein Herz blieb fast stehen. Nein, ich wollte nichts mehr davon hören. Doch um mich herum wurde laut weiter erzählt. Ob ich wollte oder nicht, mir kamen weitere Schrecklichkeiten zu Ohren. Offenbar werden meine Kinder erst einmal zur Reinigung in riesige Waschanlagen mit groben Bürsten geworfen, müssen sich abhärten und mit Recken und Strecken kräftigen, um unempfindlicher gegen Verletzungen zu werden. Ihnen werden Dopingmittel verabreicht, um die jeweils geforderten Leistungen zu erbringen, und Farbstoffe verändern ihr Äußeres.

Danach werden sie für unterschiedliche Interessenten geformt. Es soll Ausbildungsstätten geben, in denen sie so malträtiert werden, dass sie alt und erfahren aussehen, weil der Käufer es so möchte. Aber die namhaften Abnehmer meiner Kinder gestalten sie so, dass sie entweder sehr angenehme oder besonders attraktive Begleiter für ihre Kundschaft werden.

Ich stutzte. Das hörte sich ja gar nicht so schlecht an. Und als ich weiter hörte, dass die Nachbarinnen davon erzählten, wie beliebt unsere Kinder allüberall in der Welt seien, wandelte sich die Trauer über den Verlust meiner Sprösslinge in unbändigen Stolz über das, was mein Volk leistet. Mit der Gewissheit, nicht umsonst gelebt zu haben, kann ich meinem Ende getrost entgegensehen.

Ich bin ein Baumwollstrauch, lebte im Sonnenschein und werde bald sterben.

Auch meine Kinder sind nicht unsterblich, aber ihr Name lebt in aller Munde.

Jeans.

SCHICKSALSWEBER

GEWORDEN
IN VERGANGENHEIT

WERDEND
IN GEGENWART

SOLL WERDEN
IN ZUKUNFT

ALLES IST MITEINANDER VERWOBEN

MEIN LEBENSFADEN
IST EINGEFLOCHTEN
NICHT GERISSEN

ICH BIN DANKBAR
FÜR JEDEN NEUEN TAG

LEBE – ERLEBE
UNBEWUSST - BEWUSST

TOD AM TEICH
MAN SIEHT SICH ZWEIMAL

„Du musst mal wieder unter Leute und kommst mit. Das wird morgen ein lustiger Tag bei den Soester Bürgerschützen, den du so schnell nicht vergessen wirst, versprochen?", forderte Birgit Rita am Telefon unmissverständlich auf, sie zum Wippen der Soester Bürgerschützen zu begleiten.

Rita war diese Einladung gar nicht recht, denn sie hasste Schützenfeste und alles, was damit zu tun hatte. Wenn Bürgerschützen, das Königspaar und seltsam bekleidete Männer, angespornt von der Blaskapellenmusik, im Gleichschritt durch die Stadt marschierten. Schützenfest! Das war ein Albtraum für Rita. Und genau daran musste sie denken, als Birgit ihr ihren Plan unterbreitete.

Der Grund für Ritas Abneigung war ein unschönes Erlebnis, das ihr vor Jahren auf einem Schützenfest widerfahren war. Sie hatte während ihrer Studentenzeit mit ihrer Freundin Birgit in den Semesterferien als Thekenbedienung auf diversen Schützenfesten gejobbt. Zu vorgerückter Stunde kam damals ein angetrunkener, korpulenter Gast zu ihr an die Theke, bestellte zehn Glas Bier und drückte ihr die abgezählten Getränkemarken in die Hand. Bevor sie das letzte Glas auf das Tablett stellen konnte, riss er es vom Tresen herunter und torkelte damit zurück zu seinen Freunden. Rita lief hinter ihm her, um ihm das fehlende Getränk an den Tisch zu bringen. Verdutzt nahm der Dicke das Glas, sah Rita mit einem stieren Grinsen an und meinte: „Das war doch für Dich, schöne Maid!", und schüttete es über ihr weißes T-Shirt, unter dem sich, nass geworden, ihre wohlgeformte Weiblichkeit abzeichnete. Die Männer grölten, klatschten vor Vergnügen in die Hände und schrieen aus voller Kehle: „Zugabe, Zugabe!" Als wäre der Biererguss für Rita nicht peinlich genug gewesen, legte dieser dicke Kerl auch noch seine fleischigen Arme um ihre Hüften und drückte seine wulstigen Lippen auf ihren Mund. Pudelnass und schamrot im Gesicht rannte Rita aus dem Festzelt. Seitdem mied sie solche Veranstaltungen.

Bis heute wusste Rita nicht, wer der Mann gewesen war, der ihr das angetan hatte, aber sein rundliches Gesicht hatte sich in ihrem Gedächtnis eingeprägt.

Die Menge hinter Birgit und Rita drängelt und schubst sie automatisch weiter voran, bis alle an einem Teich ankommen, an dem sich die Schaulustigen versammeln. „Aber das ist ja gar kein Schützenfest", ruft Rita. Sie sieht weder eine Vogelstange, noch einen Adler, und die Schützen tragen auch keine Gewehre über der Schulter, mit denen sie ihn hätten abschießen können.

„Ich habe auch nie gesagt, dass es eins ist!" Birgit blinzelt Rita zu. Neugierig auf die zu erwartenden Darbietungen rückt Rita näher an das Geschehen heran. Sie hört die Menschen aufgeregt durcheinander schwatzen.

Und dann sieht Rita *ihn*. Unverkennbar, das ist der Mistkerl, der sie damals vor allen Festgästen brüskiert hat. Sie beginnt zu begreifen, was Birgit ihr zugesichert hat. Vergnügt schaut sie nun dem Treiben am Teich zu und skandiert aus voller Kehle mit, als die Menge mehrfach *Entenkacke, Entenkacke, hoi, hoi, hoi!* intoniert. Erschrocken über ihren Ausbruch dreht sie sich verlegen zur Seite.

Es ist warm heute. Der erste Malefikant ist, nachdem er seine Abkühlung mit einem Eimer Wasser bekommen hat, gesprungen und steht bereits auf der Plattform neben der Wippe. Dort warten die Helfer vom DLRG auf die Missetäter. Der zweite Malefikant lässt sich ebenfalls zur Abkühlung und Vorbereitung auf das Nass mit kaltem Wasser aus dem Kübel überschütten, steigt auf die Treppe und setzt zum Sprung an. Auch er taucht wohlbehalten aus dem Wasser auf und klettert auf die Platte. Ritas Gesicht brennt vor Aufregung. „Gleich, gleich wirst du leiden! Dann wirst du fühlen, wie es ist, wenn vor versammelter Mannschaft eiskaltes Wasser über deinen erhitzten Körper rinnt!"

Der dritte Malefikant hat sich aus dem Schandumhang gepellt und verweigert die Abkühlung. In schwarzer Robe betritt er mit erhobenem Kopf die Wippe. Rita ist schockiert. Der miese Kerl ist ein Richter! Und was für eine Inszenierung von diesem Wichtigtuer! Voller Vorfreude und mit innerer Genugtuung über das Strafgericht für ihren Peiniger reibt Rita sich die Hände, als der Richter auf der obersten Stufe die Arme ausbreitet, mit breitem Grinsen im Gesicht in die Masse der Beobachter blickt und in die Entenkacke springt.

Eine Fontäne spritzt auf, bevor sich das Wasser wieder glättet.

„Danke, Birgit, dass du mich hergebracht hast! Das war die Sache wert!", stößt Rita ihre Freundin in die Seite. „Aber ... müsste der Fettsack nicht langsam mal auftauchen?"

Hobby/ Autorin: Luzie Irene Pein,
1950 in Lippstadt/ NRW, geboren, veröffentlicht Allegorien
und Aphorismen: Gedichte über Erlebnisse, Gefühle, Natur
und Sinnesfindung. Des Weiteren Kurzgeschichten in ver-
schiedenen Anthologien, in denen sie die Leser gern in die
Irre führt. In ihrem Sati(e)re Buch zeigt sie, dass sie auch ei-
nen Hang zum Komischen hat.
Fotos literarisch zu untermalen ist eine weitere Leidenschaft
von ihr.

Ihr Mantra lautet:
LEBE BEWUSST -
IM HIER UND JETZT

Eigene Veröffentlichung:
2009: Gedichtband- Liebesgeschichte in Gedichtform
Einfache – Ehrliche – Emotionen

2014:Gedichtband, Allegorien und Aphorismen
Lebendigkeit- Bedarf der Liebe
ISBN: 978-3-7357-2058-0,
Verlag:BoD- Books on Demand GmbH, Norderstedt

2015: Buch
Frösche – Hühner und andere Sati(e)re
ISBN: 978-3-7392-2054-3
Verlag:BoD- Books on Demand GmbH, Norderstedt

2015: Buch
Mein Buch der Geschichten und Gedichte
ISBN: 978-3-9224-2412-1
Verlag:BoD- Books on Demand GmbH, Norderstedt

43 Gedichte veröffentlicht:
In der Jokers – Gedichte – Datenbank -
Der besten deutschsprachigen Gedichte, Weltbild-Verlag.
Des Weiteren:
Kurzgeschichten veröffentlicht in diversen Anthologien